JOCHEN BUCHSTEINER

DIE FLUCHT
DER BRITEN
AUS DER
EUROPÄISCHEN
UTOPIE

ROWOHLT

«Something there is
that doesn't love a wall.»

Robert Frost,
Mending Wall

«Good fences make
good neighbors.»

Robert Frost,
Mending Wall

INHALT

I. DER MISSVERSTANDENE BREXIT

DIE BRITEN fordern die Ordnung Europas nicht zum ersten Mal heraus. Als König Heinrich VIII. vor einem halben Jahrtausend entschied, dass er «niemanden außer Gott» über sich respektieren wolle, brach er nicht nur mit dem Papst in Rom, sondern mit dem Konsens, Consent den Europa bis dahin teilte. Er stellte das Königreich außerhalb des kontinentalen «Mainstreams». Schon damals stimmte das Volk auf der Insel zu, nicht in Form eines Referendums, sondern nach hitzigen Debatten in beiden Häusern des Parlaments, und schon damals fassten sich viele kluge Leute an den Kopf. Einigen wurde er dafür sogar abgeschlagen, unter anderem dem Lordkanzler Thomas More, dem Autor der berühmten *Utopia*.

Mores Einwände wurden später in Winston Churchills *History of the English Speaking People* beleuchtet, und wenn man das Wort «Christenheit» durch «Europäische Union» ersetzt, liest es sich, als hätte er die heutigen Brexit-Gegner porträtiert: «Sie hassten und fürchteten den aggressiven Nationalismus, der die Einheit der Christenheit zerstört», schrieb er über More und dessen Weggefährten. Churchill fuhr fort: «Heinrich VIII. hatte nicht nur einen weisen und begabten Berater enthauptet, sondern ein System, das, auch wenn es in der Praxis seinen Idealen nicht gerecht geworden ist, die Menschheit lange Zeit mit seinen hellsten Träumen versorgt hatte.»[1]

Man kann darüber streiten, ob Heinrichs Alleingang wirklich die Geburtsstunde des aggressiven Nationalismus in Europa darstellt, und auch darüber, wie einig die Christenheit im Jahr 1532, also fünfzehn Jahre nach Martin Luthers Reformationsthesen, noch gewesen ist. Sicher ist, dass Heinrichs Entscheidung eine Zeitenwende markierte, und es ist keineswegs abwegig, die eine oder andere Linie zum Brexit zu ziehen. Denn heute bündelt sich wieder etwas auf der Insel, das auch auf dem Festland umhergeistert. Wieder wirft das kontinentaleuropäische Establishment dem Königreich Verantwortungslosigkeit vor, und wieder muss man für möglich halten, dass die Häretiker mehr Tuchfühlung mit den Zeitläuften aufgenommen haben als die Dogmatiker.

Das Vierteljahrhundert, das zwischen Heinrichs umstrittenen Entschluss und dem Beginn des «Elisabethanischen Zeitalters» lag, zählte nicht zu den glänzendsten in der Geschichte Britanniens; es war von Machtwechseln, inneren Kämpfen und Tumulten geprägt. Das klingt vertraut. Denn auch der unerhörten Entscheidung, die Europäische Union zu verlassen, folgt gerade, wenngleich in anderen Dimensionen, eine unerquickliche Phase. Die Loslösung von der EU sollte das Königreich ja eigentlich wieder groß machen, stolz und unverwechselbar. Darauf zielten die Parolen von der Befreiung aus der europäischen Bevormundung und dem «Zurückgewinnen der Kontrolle». Doch der Abschied von Brüssel scheint eher den Prozess zu beschleunigen, den umzukehren die Hoffnung gewesen war.

Britannien, das lässt sich seit dem EU-Referendum kaum noch bestreiten, schrumpft – jedenfalls auf politisches Normalmaß. Seit dem 24. Juni 2016, dem Tag nach der Volksabstimmung, erleben die Briten Krisen, die sie nicht gewohnt sind. Sie spüren, dass Freunde auf dem Kontinent auf Abstand gehen. Sie machen die erstaunliche Erfahrung, dass über sie gelacht und sogar gespottet wird. Die elegante Überheblichkeit, mit der die Briten ihren Nachbarn zuweilen auf die Nerven gegangen sind, ist einer gewissen Verunsicherung gewichen.

Die Zeit, in der das Königreich «über seiner Gewichtsklasse boxt», wie es oft hieß, scheint fürs Erste vorüber, und vielleicht ist es eine weitere Pointe der Geschichte, dass sich die Anpassung in dem Augenblick vollzieht, da das «Zweite Elisabethanische Zeitalter» seinem Ende entgegengeht. In dem, was vielerorts als politischer Niedergang wahrgenommen wird, steckt auch ein Stück Normalisierung, und das muss nichts Schlechtes sein, weder für das Vereinigte Königreich noch für den Kontinent. Britannien, das wird manchmal vergessen, bleibt ja eine gutartige Mittelmacht. Es geht nicht im Groll, es bettelt geradezu um Zusammenarbeit. Die Regierung in London wirbt für freien Handel, will keine Konflikte mit seinen Nachbarn und verspricht auch nach innen, eine weltoffene, liberale Demokratie zu bleiben. Manchmal möchte man beinahe fragen, warum sich alle so aufregen.

Die Nachteile, die den Brexit begleiten, liegen auf der Hand: Die Europäische Union verliert nach außen an Strahlkraft und im Innern an Balance. Das Gleiche gilt, zumindest bisher, für das Vereinigte Königreich. Vor allem aber bindet die komplizierte Entflechtung der in mehr als vierzig Jahren geknüpften Bande kostbare politische Energien auf beiden Seiten des Kanals, die für die Bewältigung wichtigerer Aufgaben fehlen. All das ist bedauerlich, erklärt aber nur einen Teil der Erregung, mit der über den Brexit gestritten wird. Der Abschied von der EU polarisiert so stark, weil er größere Fragen berührt als die, wie viele Banker die Londoner City verlassen oder wie hoch die Einbußen europäischer Exportunternehmen werden könnten. Nicht einmal die strategischen Auswirkungen – ob sich Britannien auf der Weltbühne marginalisiert oder zu einer neuen Rolle findet, ob die EU durch den Austritt Schaden nimmt oder wieder Schwung entfaltet – können das Ausmaß der Verbitterung erklären, das im alten Herzen der EU, in Berlin, in Paris und in Brüssel, zu spüren ist.

Das Verstörende des Brexit liegt tiefer. Es wurzelt in seinem rebellischen Antrieb, seinem weltanschaulichen Kern. Die freiwillige Entscheidung, der Europäischen Union den Rücken zu kehren, ist ein Angriff auf den modernen europäischen Dreifachkonsens: dass die EU als zivilisatorisches Fortschrittsprojekt, als «immer engere Union», wie es im Gründungsvertrag heißt, weiterzuentwickeln ist; dass es den Nationalstaat zu schwächen und nicht zu stärken gilt; und dass aufgeklärte demokratische Gesellschaften Wohlstand über kulturelle Identität stellen. Der Brexit, könnte man auch sagen, ist ein Anschlag auf das, was der überwältigende Teil der europäischen Eliten als Vernunft begreift.

Was ist bloß in die Briten gefahren?, fragen sich viele. Was ist geschehen mit der Nation, die John Locke, Adam Smith und David Hume hervorgebracht hat und seit Jahrhunderten als Synonym für Pragmatismus und «Common Sense» gilt? Müssen wir die Briten nach ihrer Brexit-Entscheidung neu denken? Oder ist ihnen nur ein Lapsus unterlaufen, der sich wieder richten lässt? Sind sie Opfer des europaweit grassierenden «Populismus» geworden, oder ist die Entscheidung, die EU zu verlassen, am Ende gar nicht so unnachvollziehbar, wie das so vielen Kontinentaleuropäern und den Verlierern der Volksabstimmung vorkommt? Steckt in der britischen Unlust, den Argumenten «überzeugter Europäer» zu folgen, womöglich sogar eine höhere Rationalität?

Der Philosoph Roger Scruton hält den europäischen Klagen einen subversiven Gedanken entgegen: «Beobachter auf dem Kontinent beschuldigen uns oft mangelnden Respekts für die Vernunft und einer Unwilligkeit, die Dinge zu Ende zu denken. Aber wenn das Durchdenken der Dinge im Ergebnis paradox ist, warum sollte es dann die Vernunft gebieten?»[2] Das ist natürlich ein exzentrischer, zutiefst britischer Einwand, aber er entlarvt die Banalität, mit der viele auf diesen bemerkenswerten historischen Einschnitt reagieren. Es kommt ihnen gar nicht in den Sinn, Britanniens Abschied von der EU außerhalb ökonomischer Nutzenrechnungen zu begreifen. Man muss den Brexit nicht gleich wie Scruton als Triumph des Pragmatismus sehen, als Kontinuum des britischen Misstrauens in alles Zuendegedachte. Gleichwohl hilft es, die historische, philosophische, kulturelle, auch ästhetische Dimension einzubeziehen, um diese nationale, auch europäische Zäsur zu begreifen. Als die Briten durch ihre letzte große Krise gingen – den wirtschaftlichen Abstieg in den 1970er Jahren –, bescheinigte ihnen Karl Heinz Bohrer «ein bisschen Lust am Untergang». Er sah nachgerade einen melancholischen Akt der Rebellion am Werke, «zusammengeflickt aus Empire-Würde und Altersschönheit, gemischt mit dem Explosivstoff britischer Hemmungslosigkeit und Vabanque-Haltung».[3] Wo sind die Europäer, die mit ähnlicher Offenheit und kritischer Zuneigung auf das Königreich von heute blicken?

Die Wahrnehmung Britanniens leidet unter einem Mangel an Neugier und einer zweckgebundenen Denkblockade. Deshalb bleiben zwei Fragen ungestellt: Lassen sich die tieferen Motive des Brexit vielleicht aus der Geschichte des Landes heraus erklären, aus dem historischen «Anderssein» der Briten, das vierzig Jahre lang von Brüssel zumindest in Schach gehalten wurde? Und zweitens: Haben die Briten das Wesen der Europäischen Union womöglich gar nicht missverstanden, sondern vielmehr durchdrungen, und zwar auf eine Weise, die der maritimen Nation gar keine Wahl ließ, als ein weiteres Mal Anker zu lichten?

«Seefahrendes Volk ist an größere Schwankungen gewöhnt», hielt Ernst Jünger fest, als er im Zweiten Weltkrieg vom besetzten Paris aus über die Briten nachdachte. Manchmal meint man, den Lotsen, die gerade das britische Schiff losmachen, eine fast seeräuberische Freude über das bevorstehende Abenteuer anzusehen. Man hat eine Entscheidung getroffen, und wie oft bei Entscheidungen weiß man nicht, ob sie richtig gewesen ist, aber jetzt wird nach vorne geblickt, improvisiert und gehofft. «Something must be left to chance», sagte Admiral Nelson vor der Schlacht von Trafalgar. Etwas muss immer dem unberechenbaren Augenblick überlassen bleiben, in einer Seeschlacht wie in der Politik.

Zwischen Briten und Kontinentaleuropäern hat sich Sprachlosigkeit breitgemacht. Man versteht einander nicht mehr, am wenigsten, wenn man miteinander redet. Nach einigen Monaten am Verhandlungstisch machte ein Foto der beiden Delegationen Furore. Links am Tisch sitzt EU-Delegationschef Michel Barnier mit zwei Mitarbeiterinnen. Sie wirken freundlich-angespannt, die Hände auf den Papierstapeln, die sie zu den Gesprächen mit dem Brexit-Minister mitgebracht haben. Gegenüber grinsen David Davis und seine Mitarbeiter frech in die Kamera. Der Tisch vor ihnen ist leer; nur ein iPad liegt geschlossen da. In Brüssel und anderen europäischen Hauptstädten wurde das Foto rasch gedeutet: Die Briten gehen die Sache unvorbereitet und fast ein bisschen unernst an. In London interpretierten die Brexit-Freunde das Dokument hingegen mit schelmischem Witz. Zeige es nicht, wie bürokratisch und «old school» die Europäer verhandeln – und wie modern und aufgeräumt die Briten? Ja, illustriere das Foto nicht geradezu einen der Gründe, aus denen man den Club verlassen müsse?

Humor, gerade auch in den unmöglichen Momenten, gehört zu den britischen Konstanten, denen auch der Brexit nichts anhaben kann. Er wird die Briten wohl auf ewig vom Kontinent trennen. Selbst am Tag nach dem EU-Referendum wurden im Unterhaus gallige Scherze gemacht, und die unzähligen Comedians im Königreich feiern seit Juni 2016 Feste auf den Bühnen. Wie anders und eigen die Briten geblieben sind, zeigte sich in der Haltung, mit der sie in die Brüsseler Austrittsverhandlungen gezogen sind. Davis und seine Leute wollten, ohne dass sie oft das Ziel kannten, zum jeweils nächsten Punkt vorstoßen und setzten dabei auf Flexibilität. Die Europäer pochten auf Verfahren und Prinzipien. Die Briten sahen die Lage, in die sie sich durch das Referendum gebracht hatten, sportlich und versuchten gewissermaßen das Beste aus ihr zu machen. Die Europäer fühlten sich verletzt und schwankten zwischen Beleidigtsein und Bestrafen. Es begegneten sich, einmal mehr, «Cool Britannia» und der steife, manchmal etwas schwermütige Kontinent.

Was, um die Frage umzudrehen, ist eigentlich in die Europäer gefahren? Warum reagieren sie nicht souveräner und demonstrieren nach innen wie nach außen, dass sie jeden, der so töricht ist, mit einem mitleidigen Kopfschütteln ziehen lassen? Wenn die Europäer richtigliegen und die Briten einen Fehler begangen haben – sind sie dann nicht bestraft genug? Der Versuch der Europäischen Union, dem Königreich den Austritt so teuer und schmerzhaft wie möglich zu machen, ist unübersehbar. Kühl bezeichnen ihre Vertreter das Post-Brexit-Britannien als «third country», so als käme dem Königreich trotz gemeinsamer Unionsgeschichte derselbe Status zu wie Algerien oder Marokko. Die Haltung manifestierte sich in der Drohung, Britannien aus dem Sicherheitsbereich des europäischen Galileo-Systems zu werfen, eines Satellitenprojekts, das die Briten maßgeblich mitfinanziert haben. Derart zur Schau gestelltes Misstrauen spiegelt Bitterkeit und Kleinmut wider. Nur wer nicht mehr an sich selbst glaubt, macht anderen den Abschied so schwer.

An diesem Glauben fehlt es in der Europäischen Union. Hinter ihrem geeinten und scheinbar starken Auftritt in den Verhandlungen lauert die klamme Angst, dass die eigene Attraktivität nachlässt und die Briten daraus als Erste die Konsequenz gezogen haben. Die Angst ist umso größer, als das Königreich schon mehrmals in der Geschichte Vorstöße gewagt hat, die den Zeitzeugen ungeheuerlich und chancenlos vorkamen – und im Rückblick als Vorzeichen einer neuen Ära erschienen. So war es nicht nur bei Heinrichs Bruch mit dem Papsttum, sondern schon vorher, bei der Beschränkung königlicher Allmacht durch die Magna Carta im 13. Jahrhundert. Auch im vergangenen Jahrhundert verblüfften die Briten die Welt, als sie dem militärisch weit überlegenen Hitler-Deutschland den Krieg erklärten. Viele sahen das Königreich damals in seinen Untergang rennen; es kam dann bekanntlich anders. Und standen die Europäer nicht ein weiteres Mal kopf, als Margaret Thatcher vierzig Jahre später (gemeinsam mit Ronald Reagan) die neoliberale Revolution entfesselte?

Keines der Beispiele ist mit dem Brexit vergleichbar, und doch rufen sie in Erinnerung, dass sich die Nation über die Zeit den Ruf eines furchtlosen Pioniers erworben hat – und die Insel eine Reputation als politisches Laboratorium. All dies spielt in die Beziehungen zum Königreich hinein. Es sind die heimlichen und stummen Sorgen, die den Umgang mit den Briten so verhärten: Sehen sie womöglich etwas, das andere noch nicht sehen? Nehmen sie einmal mehr eine Entwicklung vorweg, die Schule machen könnte?

Schon um diese Ängste zu verscheuchen, versuchen viele Europäer die Entscheidung der Briten als irrational, als politischen Betriebsunfall erscheinen zu lassen – und die Verlierer des Referendums helfen gerne mit. Es gibt gute, nachvollziehbare Argumente gegen den Brexit, aber den meisten Kritikern reicht schon der Hinweis auf «populistische» Untertöne, um den Befürwortern des EU-Austritts Anstand und ehrenhafte Motive abzusprechen. Deutsche Politiker, die in den Monaten nach dem Referendum die britische Hauptstadt besuchten, brachten es zuweilen nicht einmal fertig, ihren Kollegen auf Empfängen die Hand zu schütteln oder einen höflichen Smalltalk zu führen.

Diese Verachtung hat die Atmosphäre nicht weniger vergiftet als der Versuch vieler Brexiteers, «das Volk» gegen «die Eliten» in Stellung zu bringen. Populismus ist ein unscharfer Begriff, aber folgt man der Definition, dass er seinem Wesen nach antipluralistisch ist, dann haben wir es zurzeit mit zwei populistischen Bewegungen zu tun, einer volkspopulistischen und einer elitenpopulistischen. Die erste beruft sich auf die Weisheit des Volkes und lässt keine andere gelten. Die zweite beruft sich auf eine höhere Vernunft und auch eine höhere Moral, zwei Kategorien, die keinen geringeren Ausschließlichkeitsanspruch in sich tragen. Auf beiden Seiten des Grabens sind Echokammern entstanden, in denen man nur noch hört und glaubt, was in der unmittelbaren Umgebung gesagt wird. Nicht nur Argumenten, selbst Zahlen und Fakten wird misstraut, sobald sie über die medialen Resonanzböden der anderen Kammer verbreitet werden.

✳

Die Briten seien betrogen worden, heißt es vielfach auf dem Kontinent, irregeführt von «Populisten», die nur ihre politische Karriere im Sinn hätten. Zudem hätten sie die Entscheidung ohne Not gesucht und mit dem Referendum das falsche Instrument gewählt, was das Ergebnis umso tragischer mache. Beide Argumente verwundern schon deshalb, weil sie den Briten, jedenfalls der Mehrheit der Nation, Dummheit und, erstaunlicher noch, mangelndes Verständnis für das Wesen der Demokratie unterstellen.

Wären die Briten «verführt» worden, hätten sich rasch die Mehrheiten geändert, nachdem die siegreichen

Brexiteers ihre zum Teil großspurigen Versprechen eingesammelt oder uminterpretiert hatten. Beispiele gibt es reichlich: Der Austritt sollte Geld sparen, doch bald nach ihrem Triumph mussten die Brexiteers den Bürgern erklären, dass erst einmal eine salzige Rechnung mit Brüssel zu begleichen ist. Dichtere Grenzen wurden in Aussicht gestellt, stattdessen könnten sie nun im Süden des britischen Nordirlands poröser werden. Klar ist inzwischen auch, dass der Austritt kein «quick fix» ist – vielmehr werden Jahre des Übergangs, zum Teil noch über die Implementierungsphase hinaus, vergehen, bis sich die ersehnte «Freiheit» auch fühlen lässt. Manche halten den Brexit-Anführern Lügen und Täuschung vor, andere zumindest Ignoranz oder mangelnde Weitsicht – geändert hat das nichts. Die Mehrheit für den Ausstieg aus der Europäischen Union blieb in den Umfragen verblüffend konstant, nicht nur in den ersten Monaten nach dem Referendum. Es gab sogar Remainers, die wie Außenminister Jeremy Hunt erst nach dem Votum zu Brexiteers geworden sind, und als die Briten ein Jahr nach dem Referendum überraschend zur Unterhauswahl gerufen wurden, spiegelte das Ergebnis kaum Reue wider. Die Konservativen, die unter Theresa May für einen klaren Schnitt mit der EU eingetreten waren, büßten ihre absolute Mehrheit ein, aber sie gewannen mehr Stimmen als bei der Wahl davor und blieben die stärkste Kraft im Unterhaus. Umgekehrt erzielte die einzige große Partei, die klar gegen den Brexit Stellung bezog, ein miserables Resultat: Nicht einmal acht Prozent der Wähler stimmten für die Liberaldemokraten.

Im Frühjahr 2018, mehr als zwanzig Monate nach dem Referendum, sprachen sich 59 Prozent der Briten dafür aus, «to get on with Brexit», also mit dem Ausstieg endlich voranzukommen.

Dass die Briten, die mit dem Prozess demokratischer Willensbildung wie kaum ein anderes Volk vertraut sind, ein paar billigen Jakobs auf den Leim gegangen seien, war nie sehr überzeugend; es ist eine Schutzbehauptung der Abstimmungsverlierer und der schockierten, ratlosen Europäer. Selten hat ein Volk ein politisches Thema so intensiv diskutiert und, soweit das möglich ist, auch durchdrungen, und nie zuvor hatten sich mehr Briten an einer Wahl beteiligt. Es ist wahr, dass in der Debatte Argumente fehlten, die auf dem Kontinent in einer Volksabstimmung eine Rolle gespielt hätten: die historische Bedeutung der europäischen Einheit, ihre friedensstiftende Kraft, ihr politisches Potenzial. Aber dafür gibt es einen Grund: Derlei Argumente fallen bei den Briten auf keinen fruchtbaren Boden. Sie sind sogar so unpopulär, dass sie nicht einmal die Remainers in die Debatte einspeisen wollten. Auch die feurigsten Befürworter des Verbleibs begannen ihre Plädoyers stets mit dem Bekenntnis, dass die EU natürlich unmöglich bleiben könne, wie sie ist.

Es ging hoch her in den Wochen vor dem 23. Juni 2016 und zu einem hitzigen Wahkampf gehört die Überspitzung. Davon haben die Brexiteers, als sie mit ihrem roten Werbebus durchs Land tourten, reichlich Gebrauch gemacht. Schon während der Kampagne wurde ihr inzwischen berühmtes Versprechen, die EU-

Mitgliedsbeiträge («350 Millionen Pfund pro Woche») in den Nationalen Gesundheitsdienst umzuleiten, von den Remainers als Referendumslüge angeprangert. Auch die Ankündigung, mit dem Brexit die Einwanderung zu begrenzen, blieb keineswegs unwidersprochen. In vielen Details hatten die Remainers recht, doch am Ende konnten sie die überwölbende Logik der Brexiteers nicht entkäften: Wenn London in finanziellen Fragen und bei der Gesetzgebung, also auch in der Migrationspolitik, wieder nationale «Kontrolle» hat, öffnen sich zwangsläufig mehr Handlungsspielräume.

Alle, auch die politisch weniger Beschlagenen, ahnten am Wahltag, dass auf beiden Seiten mächtig übertrieben worden war und nach dem Brexit «weder der Untergang droht, noch Milch und Honig fließen wird», wie es der Labour-Chef Jeremy Corbyn einmal ausdrückte. Die Brexiteers haben nicht gewonnen, weil sie die Wähler mit falschen Zahlen betrogen hatten, so wenig wie die Remain-Seite verlor, weil sie so abstruse Warnungen in die Welt setzte wie die, dass der Brexit jedem Haushalt ein Loch von 4300 Pfund in die Kasse reißen würde. Am 23. Juni 2016 ging es um die Ideen und Träume hinter den Zahlen: um Status quo gegen Aufbruch, um Pragmatismus gegen Idealismus, um kulturelle Identität gegen empfundene oder eingebildete Fremdbestimmung.

Es ging, mit einem Wort, um – Europa. Man muss das betonen, denn in vielen Hauptstädten wird dies bis heute geleugnet. Im Referendum sei über alles Mögliche, nur nicht über die EU abgestimmt worden, befinden viele Brexit-Gegner verächtlich und nennen als vermeintlich wahre Beweggründe Einwanderungsängste, Nostalgie, Großmannssucht, Elitenverdruss, kurz: unbegründete Sorgen und falsche Hoffnungen. Aus ihrer Sicht ist das Königreich in jenem Sommer 2016 einer Hysterie anheimgefallen, deren eher zufälliges Opfer die Europäische Union geworden ist. Das empfinden viele Briten, die für den Austritt aus der EU gestimmt haben, als Anmaßung. Sie betonen, dass sie sich von der Europäischen Union nicht länger vorschreiben lassen wollten, wer in ihr Land kommen darf und welche Gesetze aus Brüssel umzusetzen sind – schon gar nicht von Politikern und Beamten, die sich kaum kontrollieren lassen. Zumindest die Gebildeteren unter den Brexiteers sahen die Europäische Union, und mit ihr das Vereinigte Königreich, politisch abdriften und betrachteten das «europäische Projekt» als ahistorische Zwangsveranstaltung, deren Mitgliedern unnütze Vorgaben gemacht werden, als ideologisch aufgeladenes Luftschloss, deren Bewohner falschen Illusionen nachhängen. Aus Sicht dieser Briten wählte das Königreich, bewusst und bedacht, die Flucht aus der europäischen Utopie.

Das hinderte die Verlierer des Referendums und viele Europäer nicht daran, nach «Schuldigen» zu suchen. Fündig wurden sie vor allem in Boris Johnson, dem Anführer der Brexiteers, der zum Archetypus des Demagogen aufgebaut wurde. Schon lange vor dem Referendum hatte dieser ungewöhnliche, auch ungewöhnlich egomanische Politiker – damals noch Londoner Bürger-

meister, aber schon Anwärter auf das Amt des Premier-
ministers – den Argwohn der Kontinentaleuropäer auf
sich gezogen. Ein des Altgriechischen mächtiger Volks-
tribun, der sich über die üblichen Standards der politischen Korrektheit hinwegsetzte, das erschien vielen
sonderbar und auch ein bisschen unheimlich.

Johnson ist ein impulsgetriebener Politiker, aber
man muss ihm deshalb nicht jegliche Überzeugung ab-
sprechen – schon gar nicht in der europäischen Frage.
Als Teenager ging er in Brüssel zur Schule, als junger
Journalist arbeitete er dort für britische Zeitungen. Lange vor dem Referendum hatte er sich abfällig über den
bürokratischen Apparat und die Idee einer politischen
Union geäußert. Als Londoner Bürgermeister schrieb
er auch europafreundliche Artikel, und in jener Nacht,
in der er sein «Endorsement» für die Brexit-Kampagne
formulierte, verfasste er – zur Überzeugungsfindung,
wie er versicherte – zwei Aufsätze: einen für und einen
gegen den Brexit. Letzterer, sagte er später, habe ihn
weniger überzeugt, und so schickte er den ersten an den
Daily Telegraph. Es ist eine Frage des Standpunkts, ob
man darin Unernst oder Zerrissenheit entdecken will.
Sein Rücktritt als Außenminister folgte einem ähn-
lichen Muster. Er habe versucht, das Lied des neuen
Brexit-Kurses zu singen, aber die Worte seien ihm «im
Hals stecken geblieben», schrieb Johnson an die Premierministerin. Standfestigkeit bescheinigten ihm die
einen, Fahnenflucht und politisches Kalkül die anderen.

In der Abscheu, die Johnson entgegengebracht wird,
spiegelt sich eines der Missverständnisse europäischer

Brexit-Kritiker wider: Nicht alle, die für die Loslösung von Brüssel plädierten, hatten sinistre Motive. «Sie mögen Mumpitz reden, aber es ist Mumpitz, an den sie wirklich glauben», konzedierte der europafreundliche *Times*-Kolumnist Philip Collins den Brexiteers einmal.[4] Viele, und zu denen gehört auch Johnson, waren von nationalen Motiven geleitet. Die stehen in Brüssel nicht hoch im Kurs, genießen aber in weiten Teilen Britanniens Respekt. Wenn Johnson weiß, dass die Mikrophone ausgeschaltet sind, sagt er deutlich, was sein – und angeblich «das britische» – Problem mit der Europäischen Union gewesen ist: dass sie dem Vereinigten Königreich den ersten Platz, der ihm historisch zustehe, immer vorenthalten habe.[5]

Aus europäischer Sicht, zumal aus deutscher, ist das ein klägliches Motiv, das die historischen Spleens der Briten aufdeckt und ihre Unfähigkeit, die Welt zu akzeptieren, wie sie heute ist. Aber viele Briten leben ganz gut mit ihren Spleens; sie feiern sie sogar als Teil ihrer Identität. Und wie sie die Welt zu sehen haben, die sie so maßgeblich mitgestaltet (und in eigener Wahrnehmung schon mehrmals gerettet) haben, wollen sie sich gleich gar nicht vorschreiben lassen. Einordnung, gar Unterordnung, gehört nicht zur britischen DNA.

Natürlich war das Referendum auch von Stimmungen begleitet; Politik ist eine emotionale Disziplin. Aber wer die Debatten des Frühsommers 2016 verfolgt hat, durfte staunen über die Prominenz politischer Grundsatzargumente und das Ausmaß an Reflexion über das Wesen von Mitbestimmung und Demokratie.

Im Mittelpunkt stand ein sperriger Begriff: Parlamentssouveränität. In allen Fernsehdebatten wurde die Frage erörtert, wie viele der nationalen Gesetzgebungsakte in Westminster von Brüssel «diktiert» werden, also reine Umsetzungsbeschlüsse sind. Die korrekte Zahl blieb, wie so vieles in diesem Wahlkampf, eine Frage der Interpretation, aber es wurde deutlich, dass es die Briten stärker als andere Nationen bewegt, wenn die Macht ihrer Abgeordneten beschränkt wird. In der britischen Demokratie steht das Parlament im Zentrum des Geschehens. Seine Rechte sind, mangels einer geschriebenen Verfassung, unklar, was ihm nahezu grenzenlose Befugnisse verschafft. Es gibt auf dem Kontinent wohl kein zweites Parlament, das seinem Kontrollauftrag so umfassend nachkommt wie das britische. Die Premierministerin stellt sich mindestens einmal in der Woche den Fragen der Abgeordneten, die Minister müssen sich ständig in Ausschüssen verteidigen und dabei schärfsten Fragen (auch ihrer eigenen Parteifreunde) stellen; oft sehen sie dabei wie Schüler vor ihrem Direktor aus. Diese «Accountability» gilt im Königreich als heilig – sie ist so sehr Teil des nationalen Selbstverständnisses wie in Deutschland die Angst vor Inflation. Scruton sieht in der Kontrolle der Mächtigen einen Bestandteil des nationalen «life style» und den «Ursprung des britischen Widerwillens, von Leuten regiert zu werden, deren Bindungen anderswo liegen».[6]

Es ist nicht so sehr das Amorphe des europäischen Politikmachens, das den Briten undemokratisch vorkommt; ihr eigener politischer Prozess ist ja unsystematisch und oft unvorhersehbar. Sie stoßen sich an der Unmöglichkeit, die politisch Verantwortlichen zur Rechenschaft ziehen zu können. Im Königreich werden auch radikale Politikwechsel respektiert, weil sie theoretisch von der nächsten Regierung rückgängig gemacht werden können. Ein einfacher Wahlakt genügt. Ebendieses Prinzip sehen die Briten von der EU untergraben. Was einmal auf verschlungenen Wegen europäisches und damit britisches Recht geworden ist, bleibt. Umkehrprozesse sind mühsam, wenn nicht aussichtslos. Die, die ein schlechtes Gesetz auf den Weg gebracht haben oder eine Verordnung, die sich im Rückblick nicht bewährt hat, können nicht «abgestraft» werden. Man kennt diese europäischen Politiker nicht, und könnte man sie beim Namen nennen, wären sie zum Zeitpunkt einer gewünschten Remedur schon lange nicht mehr im Amt.

Auf ähnliche Empfindlichkeiten stößt die europäische Justiz, die die Gerichte der Mitgliedstaaten bindet. Dabei wird nur selten zwischen dem Europäischen Gerichtshof in Luxemburg und dem Gerichtshof für Menschenrechte in Straßburg unterschieden, der bekanntlich nicht der EU, sondern dem Europarat zugeordnet ist. Vor allem Letzterer hatte in den Jahren vor dem Referendum Urteile gefällt, die im Königreich Empörung hervorriefen – allen voran das Verhindern von Abschiebungen islamistischer Extremisten. Brexiteers fällt es schwer, vergleichbar dramatische Entscheidungen des EuGH zu benennen, und ihr Unbehagen liegt wohl auch eher auf einer theoretischen Ebene. Es will ihnen einfach nicht in den Kopf, dass sich ihr Land, das den «rule of law» erfunden und sein Rechtssystem in die Welt exportiert hat, von vergleichsweise jungen Instanzen außerhalb des Landes in juristischen Belangen etwas sagen lassen kann. «Take back Control», also das Zurückholen der Kontrolle, war insofern kein Schlachtruf, der sich pauschal gegen Institutionen oder das «Establishment» richtete. Er drückte auch den Wunsch aus, die Macht der internationalen Eliten an die Eliten des eigenen Landes zurückzugeben: an britische Abgeordnete, an britische Ministerialbeamte und britische Richter.

Glaubt man Umfragen, die am Wahltag gemacht wurden, war die Souveränität des Königreichs das wahlentscheidende Motiv.[7] Die Einwanderung, die aus Sicht des Auslands den Ausschlag gab, lässt sich nur als dessen Ableitung verstehen. Nicht die Einwanderung an sich wurde kritisiert, sondern der Umstand, dass die Regierung in London nicht frei über ihr Ausmaß bestimmen kann. Gleichwohl bemühte sich die «Leave»-Kampagne, das emotionale Potenzial des Themas nach Kräften auszuschlachten, wofür die Lage in diesem Frühsommer 2016 überaus günstig war.

Auf dem Höhepunkt des Wahlkampfs klebte die Britische Unabhängigkeitspartei Ukip ein Plakat, das eine dichtgedrängte Gruppe dunkelhäutiger Flüchtlinge zeigte – darüber stand «breaking point» (Belastungsgrenze). Es war ein Plakat, das ohne Scham an Ängste und Vorurteile appellierte, und wurde selbst innerhalb des «Leave»-Lagers kritisiert. Seine Wirkung verfehlte es aber nicht, und das lag daran, dass die Zustände auf dem Kontinent, vor allem in Deutschland, in dieser Zeit weit über das Brexit-Lager hinaus als beängstigend, ja bedrohlich wahrgenommen wurden. Angela Merkels «Willkommenskultur» und ihre erstaunlichen Aussagen, dass «man Grenzen nicht schließen kann» oder es «nicht in unserer Macht liegt, wie viele nach Deutschland kommen», waren auf breites Unverständnis im Königreich gestoßen. Auf internationalen Konferenzen, die auf dem Höhepunkt der «Flüchtlingskrise» abgehalten wurden, schlug Vertretern der Bundesregierung blanke Fassungslosigkeit entgegen. In einem Interview nannte Anthony Glees, der Direktor des Centre for Security and Intelligence Studies an der University of Buckingham, die Bundesrepublik einen «Hippie-Staat».[8]

Streng genommen hatte das, was in Deutschland Flüchtlingskrise genannt wurde, mit dem britischen EU-Referendum nichts zu tun. Auch als Mitglied der Union konnte das Königreich frei darüber entscheiden, wie viele Migranten es von außerhalb der EU hereinlässt. Aber im Frühsommer 2016 zeichnete sich ab, dass Britannien mit seiner Weigerung, in Europa gelandete Migranten aufzunehmen, in eine schwierige Lage geraten würde. Deutsche Besucher, wie der damalige Bundestagspräsident Norbert Lammert, nannten das britische Verhalten intern «erbärmlich». Das Unbehagen der Briten wurde umso größer, als Merkel, die im Königreich lange Zeit als nahezu allmächtige Tonangeberin der EU betrachtet wurde, eine europäische Lastenteilung verlangte. Die konservative Regierung lehnte das kategorisch ab, während sich die Labour Party ratlos duckte. Der Berliner Flüchtlingskurs diente dem Ausstiegslager insofern als Steilvorlage. Mit dem Argument, dass der Verbleib in Europa unweigerlich mehr Migranten bedeute, verwandelten sie die Brexiteers zu einem Tor.

Dabei war der Platz, um im Bild zu bleiben, schon weichgespielt, und zwar von zwei britischen Premierministern. Der erste, Tony Blair, hatte nach der EU-Osterweiterung im Jahr 2004 eine bemerkenswerte Entscheidung getroffen. Anders als Deutschland, das sich eine siebenjährige Übergangsphase aushandelte, öffnete Britannien seine Grenzen für die neuen Mitgliedstaaten sofort. Das nutzten vor allem die Polen, die den Briten ohnehin zugeneigt waren. Zum Zeitpunkt des Referendums waren sie mit mehr als 900 000 Einwanderern die größte nichtbritische Bevölkerungsgruppe im Land. Später folgten andere Osteuropäer, allen voran die Rumänen, die heute die zweitgrößte Minderheit bilden – noch vor den Iren.[9] Der weitgehend unregulierte Arbeitsmarkt im Königreich ermöglichte den Neuankömmlingen auf nahezu allen Feldern in Konkurrenz zu den britischen Arbeitnehmern, vor allem zu Handwerkern, zu treten. Mit dem Fleiß, der Einwanderern vielfach zu eigen ist, und der Bereitschaft, auch für etwas weniger Geld zu arbeiten, setzten sich die Neuankömmlinge gegen die Alteingesessenen oftmals durch. Das schuf Verdruss.

Diese Situation spielte eine Rolle, als David Cameron nach seinem Amtsantritt etwas versprach, was man in

Deutschland als «Obergrenze» bezeichnen würde. Seit 2011 ist die britische Regierung dem Ziel verpflichtet, die jährlich zwischen 250 000 und 350 000 schwankende Nettozuwanderung (die innereuropäische inbegriffen) auf unter 100 000 zu drücken. Im Referendumswahlkampf wurde Cameron nicht dafür angegriffen, dass er eine solche Grenze festgelegt hatte, sondern dass sie Jahr für Jahr verfehlt wurde. Das brachte den Premierminister und die Remainers gleich zu Beginn der Kampagne in die Defensive. Wann immer Cameron, sein Schatzkanzler George Osborne oder andere prominente Brexit-Gegner in den Fernsehdebatten auf die Masseneinwanderung angesprochen wurden, gerieten sie ins Schwimmen. Sie mussten sich zu ihrem Ziel bekennen, die Quote zu senken – aber es war die Gegenseite, die dafür ein Konzept vorlegte: Wer nicht mehr Mitglied im Brüsseler Club ist, darf zumindest die Einwanderung aus der Europäischen Union drosseln –, und die machte damals immerhin die Hälfte der Gesamtzuwanderung ins Königreich aus.

«Take back Control» bezog sich aber nicht nur auf die Gesetzgebung, die Rechtsprechung und die Grenzen, sondern auch auf die Staatsfinanzen. Das Königreich gehört seit seinem Beitritt zu den Zahlmeistern der EU. Im letzten erfassten Finanzjahr vor dem Referendum (2014) zahlte es 14 Milliarden Euro an die EU. Nur Deutschland mit 29 Milliarden und Frankreich mit 21 Milliarden wurden stärker zur Kasse gebeten. Dass Britannien so viel weniger einzahlt als Frankreich hängt mit dem sogenannten Rabatt zusammen, den Margaret

Thatcher in den achtziger Jahren ausgehandelt hat. (Wer diesen addiert, kommt auf die umstrittene Summe von 350 Millionen Pfund in der Woche, die auf dem roten Kampagne-Bus der Brexiteers zur Schau gestellt wurde.) Zieht man nun noch das Geld ab, das aus Brüssel an britische Regionen und Institutionen zurückfloss, zahlten die Briten einen Nettobetrag von 7,1 Milliarden Euro an die EU – (im Vergleich mit 7,4 Milliarden Euro aus Frankreich und 17,7 Milliarden Euro aus Deutschland).[10] Aus Sicht der meisten Briten ist das eine Menge Geld, mit dem sie lieber nationale Aufgaben bewältigen wollen als die europäische Umverteilungsmaschine (und ihre Bürokratie) zu füttern.

Das Ziel der Brexiteers, all diese Souveränitätsrechte auf die Ebene des Nationalstaats zurückzuholen, hat auf dem Kontinent den Vorwurf lautwerden lassen, das Königreich wolle sich einigeln und gewissermaßen seine Bande zur Außenwelt kappen. Diese Kritik übersieht, dass die führenden Austrittsbefürworter einen internationalen, ja geradezu ultrafreihändlerischen Ansatz verfolgen. Den Austritt aus der weltgrößten Freihandelszone sehen sie dabei nicht als Widerspruch, sondern als Akt der Konsequenz. Aus Sicht des ausstiegsbegeisterten Tory-Abgeordneten Jacob Rees-Mogg steht der EU-Binnenmarkt «nicht für Freihandel, sondern für Protektionismus auf europäischer Ebene». Noch schärfer geht er mit der Europäischen Zollunion ins Gericht, die er ein «protektionistisches Gaunerstück» nennt, das die «kontinentaleuropäischen Unternehmensinteressen auf Kosten der britischen Konsumenten schützt».[11]

Das Argument hat Tradition. Schon in *The Case against Europe* definierte Noel Malcolm Europa als «elaboriertes System von Zöllen und diskriminierenden Handelsvereinbarungen», das dazu diene, «seine sensiblen Industrien zu schützen». Der Essay, den *Foreign Affairs* abdruckte, erschien 1995 – mehr als zwanzig Jahre vor dem Referendum.

Insbesondere der Austritt aus der Europäischen Zollunion wird als handelspolitische Befreiung verstanden, die Britannien in die Lage versetzen werde, den Austauch mit dem Rest der Welt zu intensivieren. Die Europäische Union komme mit ihren Freihandelsverträgen nicht zu Potte, beklagen die Brexiteers. Entweder dauerten die Verhandlungen zu lange, oder sie scheiterten, wie im Falle des Abkommens mit Amerika. Als unabhängiges Land, hoffen die Brexiteers, könnte Britannien bilateral schnellere Vertragserfolge erzielen, weil es viele Bedenken der EU nicht teile und weniger fortschrittsfeindlich sei.

In London registriert man, weit über den Kreis der Ausstiegsfreunde hinaus, dass sich die EU zunehmend als Gegner der großen amerikanischen Internetkonzerne inszeniert. Deren Dominanz und Steuerverhalten, überhaupt der Mangel an Regulierung in der Datenwelt, wird auch im Königreich beklagt, aber die Abwehrpolitik der EU, der kulturkämpferische Züge unterstellt werden, gilt vielen als innovations- und manchen als explizit amerikafeindlich. Ähnliches gilt für die ethischen Vorbehalte, die die EU der Gentechnologie oder künstlicher Intelligenz entgegenbringt. Im

Dezember 2017 betonte Boris Johnson, wie sehr sich Britannien inzwischen vom Kontinent unterscheide. «Für den Tech-Sektor, die Biowissenschaften und Bulk Data ist dies ein innovativer Ort – wir könnten in Zukunft den Wunsch haben, das anders zu regulieren als Brüssel das tut.»[12]

*

Nicht alle Argumente, die für den Brexit vorgetragen werden, sind gleichermaßen stark; vielen lässt sich widersprechen. Aber gemeinsam ist den meisten ihr rationaler Kern. Dies gilt bis zu einem Grad sogar für das «populistische» Begleitmoment. Die professionell geführte «Leave»-Kampagne erkannte früh das Potenzial bislang unerschlossener Wählerschaften – von Bürgern also, die, enttäuscht vom «System», schon lange nicht mehr an Wahlen teilnahmen. Einige Anführer der «Leave»-Kampagne versuchten sie gezielt bei ihrem Eliten-Verdruss zu packen und so zum Wahlgang zu bewegen. Dabei setzten sich ironischerweise jene an die Spitze, die die britische Elite bis dahin geradezu personifiziert hatten: neben Boris Johnson, dem Eton- und Oxford-Absolventen, vor allem Michael Gove, damals Justizminister und «intellektueller Vordenker» der Konservativen Partei. Nichts brachte deren Vorstoß besser zum Ausdruck als Goves berühmt gewordenes Diktum, die Menschen hätten «genug von Experten».[13]

In seiner Pauschalität ist Goves Diktum albern, ja zersetzend. Expertise an sich in Zweifel zu ziehen, untergräbt das Vertrauen in die Rationalität des demokratischen Entscheidungsprozesses. Es schwingt die antiaufklärerische Idee mit, dass «gesunder Menschenverstand», der oft auf Affekten beruht, wissenschaftlich grundierter Vernunft überlegen sei. Andererseits muss Kritik an Experten erlaubt sein, zumal dann, wenn sie eine derart jämmerliche Bilanz vozuweisen haben. Es lässt sich schwerlich bestreiten, dass sich die Experten – und mit ihnen die Eliten, die sich auf sie stützten – in den vergangenen zwanzig Jahren in grundlegenden Fragen dramatisch geirrt und folgenschwere Fehlentwicklungen eingeleitet haben. Dies gilt für das Königreich in besonderer Weise.

Britische Fachleute hatten sich fürchterlich verschätzt, als sie den «Krieg gegen den Terror» in Afghanistan und im Irak als gewinnbar und die Staaten als transformierbar dargestellt hatten. Beide Militäreinsätze waren in den Jahren vor dem Referendum ruhmlos beendet worden; 2009 hatten sich die Briten aus dem Irak, im Dezember 2015 aus Afghanistan zurückgezogen. Mehr als 600 gefallene und Tausende verletzte Soldaten, deren Leben der Krieg verändert hatte, standen einem kläglichen Ergebnis gegenüber. Das Versprechen des Sicherheitsestablishments, Afghanistan und Irak zu funktionierenden, westlich ausgerichteten Staaten umzugestalten, hatte sich als Irrglaube herausgestellt. Die Beseitigung des Saddam-Regimes stürzte das Land ins Chaos und stärkte radikalislamisches Sektierertum; die neuen Kämpfer des «Islamischen Staates» erschienen bald gefährlicher als die Schergen des 2003 gestürzten

Diktators. Ähnlich deprimierend nahm sich die Bilanz am Hindukusch aus. Afghanistan war nicht befriedet, nicht einmal stabilisiert worden. In den beiden Jahren nach dem Rückzug wuchs die Zahl der Bürgerkriegsopfer sogar; die Taliban waren durch die Verwerfungen in Irak und Syrien gestärkt worden. Als politisch kurzsichtig hatte sich schließlich auch der Sturz des Gaddafi-Regimes im Frühjahr 2011 erwiesen. Die von London und Paris gesteuerte Militäraktion fegte die letzten Autoritäten in Libyen aus den Ämtern und öffnete die Migrationsroute über das Mittelmeer.

Britannien hatte seine glücklosen Waffengänge vor dem Referendum zumindest in Ansätzen aufgearbeitet. Anders als die Deutschen, die ihr Scheitern in Afghanistan beschwiegen, stellten sich die Briten ihren Fehlern in Untersuchungsausschüssen und Parlamentsdebatten. Kritische Bücher und Aufsätze erschienen. Mehrere Untersuchungen, vor allem die «Chilcot»-Kommission (benannt nach ihrem Vorsitzenden John Chilcot), stellten der Regierung Blair ein vernichtendes Zeugnis aus und bestätigten, dass die Öffentlichkeit mehr oder weniger bewusst in die Irre geführt worden war. Wie tief das Misstrauen in die Lageeinschätzungen der Experten reichte, war im August 2013 zu bestaunen, als die Regierung Cameron für ein militärisches Eingreifen in Syrien plädiert hatte – und nicht einmal mehr das Parlament überzeugen konnte.

Nichts aber hatte die Autorität der Eliten so sehr untergraben wie die Finanzkrise von 2008, der zunächst kostspielige Rettungsaktionen und dann schmerzhafte

Sparmaßnahmen gefolgt waren. Spätestens seit dem Big Bang von 1986 war den Briten die Expansion der Finanzindustrie als Gewinnspiel ohne Risiko verkauft worden. Selbst die obszönen Gehälter, die in der City gezahlt wurden, war man bereit hinzunehmen, weil der Eindruck erweckt wurde, als nutze die Industrie der spekulativen Geldvermehrung unter dem Strich allen Bürgern. Als das Kartenhaus einstürzte, stand die Frage im Raum, warum dies von nahezu niemandem vorhergesehen worden war. Dieser Ansehensverlust der Expertenzunft hatte erheblichen Anteil daran, dass die Warnungen, mit denen Institutionen wie der Internationale Währungsfonds, die OECD, aber auch die Nato während des Referendumswahlkampfs gegen den Brexit argumentierten, ohne Durchschlagskraft blieben. Warum, wurde nicht ganz zu Unrecht gefragt, sollten die Chefvolkswirte, Technokraten und Strategen jetzt recht haben, wo sie sich in den Jahren zuvor so fundamental getäuscht hatten?

Das erschütterte Vertrauen in die Fähigkeit der Eliten, Entscheidungen im Sinne des Allgemeinwohls zu treffen, ging Hand in Hand mit einem politischen Entfremdungsprozess, der inzwischen die meisten westlichen Nationen erfasst hat. Der Slogan «Take back Control» war auch die Reaktion auf ein Phänomen, das der frühere britische EU-Botschafter Ivan Rogers «technokratische Entpolitisierung» nennt. Der Wahlakt suggeriert zwar weiterhin den Primat des Volkswillens, aber in der politischen Praxis wird die Entscheidungsgewalt aus Effizienzgründen immer weiter in Gremien verlagert, die kaum einer Kontrolle unterliegen: Zentralbanken, Verfassungsgerichte oder eben die EU-Kommission. Die Bürger müssen deren Entscheidungen hinnehmen und können den Kurs nicht mitbestimmen. Dies führt laut Rogers in die Totalopposition: «Wenn man viele Domänen der öffentlichen Politik von jedem Element der Wahl auf der Bürgerebene befreit, ist der einzige Weg, Opposition auszudrücken, Opposition gegenüber dem gesamten System auszudrücken und zu argumentieren, dass es eher niederzureißen als von innen zu reformieren ist.»[14]

Dem Brexit wohnt insofern ein Paradox inne. Einerseits präsentiert er sich als Bekenntnis zum traditionellen britischen System, das gleichsam zu seiner Reinheit zurückgeführt werden soll. Andererseits drückte sich in ihm zum ersten Mal auf folgenreiche Weise aus, was heute vielfach als «Krise der liberalen Demokratie» beschrieben wird. Unter zahlreichen internationalen Autoren hat sich mittlerweile die Sichtweise durchgesetzt, dass «der Westen» in einen neuen, demokratiegefährdenden Klassenkampf eingetreten ist, der die traditionelle, überwiegend ökonomisch grundierte Links-rechts-Dichotomie überlagert und zu guten Teilen sogar abgelöst hat. Der Konflikt von Arbeit und Kapital ist nach dieser Sichtweise in einem mehr kulturell akzentuierten Dualismus aufgegangen, den zu definieren fast ein intellektueller Sport geworden ist. Politikwissenschaftler wie Ivan Krastev und Yascha Mounk glauben, dass die liberale Demokratie gewissermaßen in der Mitte zu zerbrechen droht und von illiberalen Populisten auf der einen Seite und undemokratischen Eliten auf der anderen beschädigt wird.[15] Michael Lind lässt «Nationalisten» gegen «Globalisten» aufmarschieren,[16] und David Goodhart schuf die Begriffe von den «Somewheres» und den «Anywheres», die sich zunehmend feindselig gegenüberstehen.[17]

Die Autoren, die nicht vom Rand her argumentieren, sondern überwiegend aus dem Herzen westlicher Eliteinstitutionen (Oxford, Harvard und angesehenen Denkfabriken), verbindet ein Eingeständnis: Sie tun die «Gegenrevolution»[18], wie Jan Zielonka den neuen Populismus nennt, nicht mehr als irregeleitete Modeerscheinung ab, sondern betrachten sie als nachvollziehbare Reaktion auf Fehlentwicklungen in den westlichen Ländern. Die populistischen Proteste als «Bigotterie oder rein ökonomisches Aufbegehren» zu betrachten, hieße, zu übersehen, dass sie «eine politische Antwort auf ein politisches Versagen historischen Ausmaßes» seien, schreibt der Harvard-Philosoph Michael Sandel.[19]

Die Einigkeit der Analyse endet erst dort, wo Konsequenzen und Maßnahmen erörtert werden. Während einige glauben, die liberale Demokratie ließe sich über wirtschaftliches Umsteuern, letztlich mit mehr Verteilungsgerechtigkeit retten, glauben andere, dass auch die kulturelle Kritik erhört werden muss. Goodhart etwa fordert, dem «ehrbaren Populismus» über mehr Wertschätzung für nicht akademische Lebenswege entgegenzukommen, aber auch über die Anerkennung eines nationalen Identitätsbedürfnisses und über die Beschränkung der Masseneinwanderung. Der Brexit wäre, von Goodhart aus betrachtet, beinahe ein Beitrag zur Versöhnung im neuen Gesellschaftskonflikt.

*

So wenig die Annahme überzeugt, dass die Briten ein paar Volkstribunen aufgesessen seien und gegen ihre wahren Wünsche gestimmt hätten, so fragwürdig ist der Vorwurf, dass die Entscheidung über die EU-Mitgliedschaft unnötig war und mit dem Referendum ein untaugliches Mittel gewählt wurde. Das Argument übersieht das wachsende Bedürfnis nach Mitbestimmung in zentralen politischen Fragen – und es sollte eher unsere Neugier wecken, dass das Instrument des Referendums ausgerechnet in der ältesten repräsentativen Demokratie so attraktiv werden konnte.

Als der ehemalige britische Premier David Cameron im Januar 2013 ein «In-out-Referendum» für den Fall ankündigte, dass er mit absoluter Mehrheit wiedergewählt würde, war das Verhältnis zur EU noch nicht das beherrschende Thema im Königreich, aber doch eines, das die Briten weit über die Konservative Partei hinaus beschäftigte. Im Unterhaus saßen zu dieser Zeit an die hundert Abgeordnete, überwiegend Tories, die ein Ende der EU-Mitgliedschaft befürworteten; das war nicht einmal ein Sechstel des Parlaments. In der Wählerschaft sah das ganz anders aus. Dort spielte mehr als jeder Dritte mit dem Gedanken an einen Austritt. «Euroskeptisch» eingestimmt, wenn auch nicht zum Äußersten bereit, war Umfragen zufolge beinahe die gesamte Bevölkerung. Selbst die europafreundlichen Liberaldemokraten brüsteten sich damals damit, dass sie im Koalitionsvertrag mit den Tories eine «EU-Bremse» eingebaut hatten. Die sah eine Volksabstimmung vor, sobald die EU einen weiteren Schritt in Richtung Integration gehen sollte.

Cameron hatte es also mit einer Wählerschaft zu tun, die nicht gut auf die Europäische Union zu sprechen war. Auf dem Kontinent wird das oft mit der Dominanz der britischen Krawallpresse erklärt. Aber nicht nur die nationalistischen Massenblätter *Daily Mail* und *Sun*, auch seriösere Zeitungen wie die *Sunday Times* oder der *Daily Telegraph* porträtierten die Europäische Union als eine zunehmend dysfunktionale Veranstaltung, die die Euro-Schuldenkrise nicht in den Griff bekam, den vermeintlichen Segen des Finanzkapitalismus nicht verstand und sich langsam von der Dynamik der Weltwirtschaft abkoppelte. Auf der globalen Bühne wurde der Beitrag der Europäischen Union nahe null verortet. In den entscheidenden außenpolitischen Fragen (wie beim Irakkrieg) gespalten, sah man die EU nur dort als Entität auftreten, wo es galt, irgendwo auf dem Erdball zur Einhaltung der Menschenrechte aufzurufen. Besonderem Hohn war die Kommission in Brüssel preisgegeben. Die Leser britischer Zeitungen mussten den Eindruck gewinnen, dass in der Behörde nur träge und überbezahlte Bürokraten sitzen, die sich den Kopf darüber zerbrechen, welche Glühbirnen eingeschraubt und welche Staubsauger gekauft werden dürfen.

Kritisiert wurde Brüssel aber auch von der anderen,

der sozialistischen Seite. In dem Flügel, der mit Jeremy
Corbyn neun Monate vor dem Referendum die Macht
in der Labour Party übernahm, hatte «Europa» von jeher als neoliberales Elitenprojekt gegolten. Schon Cor-
byns Idol Tony Benn hatte in den siebziger Jahren die
Parteilinke – gemeinsam mit den Gewerkschaften – gegen die damalige Europäische Wirtschaftsgemeinschaft
in Stellung gebracht. An diese Euroskepsis knüpfte die
neue, nach links gerückte Führung der Labour Party,
wenn auch klandestiner, wieder an. Brüssel, lässt sich
sagen, wird im Königreich weder von rechts noch von
links unterstützt.

Eine Herzensangelegenheit war die EU aber nicht
einmal den Freunden europäischer Zusammenarbeit
gewesen. Winston Churchill hatte 1946 in seiner berühmten Züricher Rede die «Vereinigten Staaten von
Europa» beschworen, aber er entwarf sie ohne britische
Beteiligung. Das hielt die Briten nicht davon ab, sich in
den sechziger Jahren um den Beitritt zur Europäischen
Wirtschaftsgemeinschaft zu bewerben, was lange von
den Franzosen verhindert wurde, die im Königreich ein
Trojanisches Pferd Amerikas zu erkennen meinten. Als
Britannien 1973 endlich der EWG beitreten durfte (und
das zwei Jahre später in einem Referendum mit klarer
Mehrheit bestätigte), sah es darin einen Gewinn ohne
Souveränitätsverzicht. Die damalige Europhilie, die
selbst eine so nüchterne Frau wie Margaret Thatcher
mit einem poppigen Europa-Pullover zur Schau trug,
war schon zu Beginn gebrochen: Britannien brauchte
den zu dieser Zeit florierenden Kontinent, weil die

eigene Wirtschaft am Boden lag – aber auch nur deshalb. Die Idee, aus Europa ein «Projekt» zu machen, ein politisches zumal, fand allenfalls unter Außenseitern Gefallen. Die Mitgliedschaft wurde nicht als Versprechen auf eine glorreiche gemeinsame Zukunft betrachtet, sondern als Clubbeitritt: Man zahlte und war bereit, sich an gewisse Regeln zu halten – in der Erwartung von Vorteilen und neuer Möglichkeiten. Anders ausgedrückt: Das Clubleben sollte das bisherige Leben ergänzen, aber nicht bestimmen und schon gar nicht ersetzen.

Ebendiese Rechnung ist aus Sicht der meisten Briten nicht aufgegangen. Spätestens der Vertrag von Maastricht, der 1992 aus der Wirtschaftsgemeinschaft eine Union machte und den Euro vorbereitete, wurde von so vielen als fundamentale Fehlentwicklung betrachtet, dass es die konservative Regierung von John Major nahezu zerriss (und einige Jahre später Anteil an ihrem Ende hatte). Alle Sonderregelungen und «opt-outs», die London in Maastricht und bei späteren Gelegenheiten aushandelte, vermochten nicht, das grundlegende Unbehagen zu lindern: Die Briten konnten Europa auf dessen Weg zu einer «immer engeren Union» nicht aufhalten, sondern bestenfalls abbremsen. Dabei fielen sie selber zurück und fühlten sich bald wie die Nachhut.

Aus dieser Entwicklung sog niemand so viel politischen Nektar wie der britische Politiker Nigel Farage. Seit er die Ukip führte, die 1993 als Anti-Maastricht-Partei gegründet worden war, sprach die Partei immer mehr Euroskeptiker an, auch jenseits der Tories. Bei den

Wahlen von 1997 stimmten 100 000 Briten für die Ukip. 13 Jahre später, bei den Unterhauswahlen von 2010, waren es schon fast eine Million. Im Mai 2012 erhielt die Ukip dann 13 Prozent bei den Kommunalwahlen. Auch wenn zu diesem Zeitpunkt noch niemand ahnen konnte, dass sie zwei Jahre später bei den Europawahlen mit 28 Prozent erstmals zur stärksten Partei werden sollte, war der Trend unübersehbar. Das stiftete Unruhe bei den Tories. Sie begannen um die Macht zu fürchten, die sie 2010 nach dreizehn langen Labour-Jahren zurückerobert hatten. Immer mehr Konservative forderten von ihrem Parteichef ein Referendum.

Camerons Ankündigung, die EU-Frage ein für alle Mal zu klären, war insofern zuallererst ein innerparteilicher Befreiungsschlag. Doch der Premierminister hatte mehr im Sinn. Es ging ihm auch darum, den «Rechtspopulisten» den Wind aus den Segeln zu nehmen, und er hatte die Hoffnung, eine Frage, die das Land seit Jahrzehnten spaltete, einer Entscheidung zuzuführen, die allseits respektiert wird. Aus heutiger Sicht wird man sagen müssen, dass diese Rechnung bestenfalls zum Teil aufgegangen ist. Das Referendum trug dazu bei, die Ukip in der Bedeutungslosigkeit versinken zu lassen, aber weder überwand es die Spaltung in der Konservativen Partei noch in der Bevölkerung. Im Gegenteil, in den Monaten nach dem Referendum vertiefte sie sich.

Viele von Camerons engsten Weggefährten waren überzeugt gewesen, das Thema Europa aussitzen zu können. Sie teilten die Meinung der europäischen Regierungschefs, dass man, wie einer es privat ausdrückte, «nie so dämlich sein» sollte, die Bürger zur EU zu befragen. Selbst Camerons Chefstrategen George Osborne erschien das Risiko einer Volksabstimmung höher als die Gefahr, die mit einer erstarkenden Ukip und einer unruhiger werdenden Tory-Partei verbunden war. Aber Osborne und seine Freunde konnten sich nicht durchsetzen. Als Cameron den internen Kampf gewonnen und die Grundsatzfrage entschieden hatte, war seine Auswahl an Instrumenten begrenzt. Eine Abstimmung zur Mitgliedschaft im Parlament wäre wegen dessen überproportional europafreundlicher Haltung vom Volk nicht anerkannt worden. Das galt auch für die Idee, im Referendumsgesetz eine Zweidrittelmehrheit zur Voraussetzung für einen Brexit zu erklären: Warum sollte die Latte für den Austritt Britanniens aus der EU höher gelegt werden als für den Austritt Schottlands aus dem Vereinigten Königreich? Gegner von Volksabstimmungen werden sich von keinem Argument überzeugen lassen, aber in der politischen Situation, die Cameron zu Beginn des Jahres 2013 vorfand, blieb ihm kaum eine andere Wahl, als einem einfachen «In-out-Referendum» den Weg zu bahnen.

Nur historisch versierte Briten wissen noch, dass Volksabstimmungen im Königreich einmal sehr unbeliebt waren. Vorstöße, nationale Fragen über Referenden zu beantworten, wurden traditionell mit dem Einwand abgeschmettert, dass sie der heiligen Parlamentssouveränität zuwiderliefen. Eine der wenigen Ausnahmen war das «Peace Ballot» von 1935, in dem sich die «League of

Nations Union» im Königreich der britischen Unterstützung des Völkerbundes versichern wollte; die Regierung ließ es gewähren. Staatlich organisierte Volksabstimmungen blieben aber verpönt. Selbst Churchill musste sich auf dem Höhepunkt seiner Popularität geschlagen geben, als er im Frühsommer 1945 die Zeit seines Kriegskabinetts per Referendum (bis zum Sieg über Japan) verlängern wollte. Clement Attlee, der damals die Labour Party führte, setzte sich mit dem Argument durch, dass das Instrument dem britischen Selbstverständnis widerspreche und eher von «Nazis und Faschisten» eingesetzt würde.[20]

Ironischerweise war es dieselbe Labour Party, die dann dreißig Jahre später beschloss, den Beitritt zur Europäischen Wirtschaftsgemeinschaft durch eine Volksabstimmung absegnen zu lassen. Überzeugte Gegner der direkten Demokratie sehen darin den Sündenfall, und sie haben das Argument auf ihrer Seite, dass auch damals ein Premierminister – Harold Wilson – versuchte, eine in der eigenen Partei umstrittene Frage auf die Bürger abzuwälzen. Den Siegeszug des Referendums konnte dies nicht aufhalten. Gleich fünf Volksabstimmungen wurden in der Ära der Labour-Premierminister Blair und Brown abgehalten, alle in Gebieten, die ihre Autonomie von London erweitern wollten. Der wachsenden Popularität des Instruments wollten sich nach dem Regierungswechsel auch Konservative und Liberaldemokraten nicht verschließen. Als sie in den Jahren 2010 bis 2015 koalierten, ließen sie erst das ganze Land über eine Wahlrechtsreform abstimmen und dann die Schotten über die Unabhängigkeit. Anhänger der parlamentarischen Repräsentationsidee sahen mit der Faust in der Tasche dabei zu, wie sich die direkte Demokratie ihren Raum schuf – entziehen konnten auch sie sich nicht. Als Camerons historischer Vorstoß schließlich am 9. Juni 2015 im Unterhaus zur Entscheidung gestellt wurde, stimmten 544 Abgeordnete für das «EU-Referendumsgesetz». Nur 53 Abgeordnete sprachen sich dagegen aus – bemerkenswerterweise fast nur die Mitglieder der Schottischen Nationalpartei, die jahrzehntelang für ein Unabhängigeitsreferendum auf ihrem Boden gekämpft hatte. Dass das EU-Referendum vom gesamten politischen Establishment abgenickt wurde (auch im Oberhaus), illustriert nicht nur, wie sakrosankt das Instrument geworden ist. Es erklärt auch, warum das Ergebnis der Volksabstimmung von fast allen respektiert wird, selbst von der Mehrheit jener, die sich am 24. Juni 2016 auf der Verliererseite wiederfanden.

*

Aus Sicht der Europäer und vieler Remainers hat das Brexit-Votum das Königreich in eine tiefe Krise gestürzt. Manche blicken sechs Jahrzehnte zurück, bis in die Zeit der Suez-Krise, um Parallelen zu finden. Sie verweisen auf das politische Köpferollen unmittelbar nach der Volksabstimmung, die Dauerlabilität der Regierung May, die Schwächung des Pfund Sterling, die steigende Inflation und das geschrumpfte Wirtschaftswachstum.

Gemessen an den Warnungen, die dem EU-Referendum vorausgingen, sind die unmittelbaren Auswirkungen jedoch gering. Der Kollaps der Finanzmärkte ist nicht eingetreten, die geschwächte Währung rief einen kleinen Exportboom hervor, und auf dem Arbeitsmarkt herrschte zwei Jahre nach dem Referendum mehr Beschäftigung als vorher. Westminster erlebte eine Phase des Hauens und Stechens, aber die Konservativen blieben an der Macht und regieren ohne größere Aussetzer, wenngleich glanzlos. Trotz der Spaltung über die Europafrage wird die Nation weder von Massenprotesten geschüttelt noch von Streiks lahmgelegt. Laut Umfragen verorten die meisten Briten ihre größten Sorgen auf Feldern, die mit dem Brexit gar nichts zu tun haben: islamistischer Terror, die Krise des Nationalen Gesundheitsdienstes und die mögliche Machtübernahme einer ideologisch radikalisierten Labour Party unter Jeremy Corbyn.

Die «Realität» nach dem Brexit-Votum ist zu einem Politikum geworden. Die Sieger des Referendums setzen alles daran, die Lage des Landes rosig darzustellen, während die Verlierer das Bild mit Kohle zeichnen. Jede Investitionsentscheidung, die zugunsten des Königreichs ausfiel, wurde von der Brexit-Presse als Beleg gewertet, dass das Vertrauen in die britische Wirtschaft ungebrochen, ja noch gewachsen sei. Negative Ausblicke nationaler und internationaler Wirtschaftsorganisationen wurden für parteilich oder nichtig erklärt oder einfach unterschlagen. Umgekehrt stilisierten die Brexit-Gegner jede Warnung und jede negative Meldung zu einem Menetekel. Gewaltsame Zwischenfälle, bei denen Osteuropäer verletzt oder getötet wurden, dienten der EU-freundlichen Presse als Beweis für neue Brexit-bedingte Aggressionen, wenn nicht als Vorboten einer beginnenden Fremdenfeindlichkeit nationalen Ausmaßes. Dass, wie im Fall des «Brexit-Opfers» Arkadiusz Jozwik, ganz andere Motive im Spiel gewesen waren, wurde übergangen.[21] So trugen beide Seiten dazu bei, die Modebegriffe «Fake News» und «Post Truth» zu nähren. Erst nach eineinhalb Jahren flaute der mediale Kampf ein wenig ab.

Auch die europäischen Eliten bogen sich ihre Realität zurecht. Sie porträtierten die Anführer der Brexit-Bewegung als vaterlandslose Gesellen, die vor der Misere flüchteten, die sie selber angerichtet hatten. Johnsons Rückzug aus dem Machtkampf um die Cameron-Nachfolge und Farages Rücktritt vom Vorsitz der Ukip wurden in Brüssel, Paris und Berlin als «unverantwortlich» (so der damalige deutsche Außenminister Frank-Walter Steinmeier) kritisiert. Die Kapitäne würden das sinkende Schiff verlassen, hieß es allenthalben. Dabei wäre Boris Johnson nur allzu gern Premierminister geworden, sah aber keine Chancen mehr, nachdem sein Brexit-Gefährte Michael Gove überraschend eine eigene Kandidatur angekündigt hatte. Dass Johnson keineswegs die Lust oder gar die Bereitschaft fehlte, Britannien aus der EU zu führen, bewies er, als er wenige Wochen später den Posten des Außenministers annahm – unter einer Premierministerin, zu der er nicht gerade aufblickte. Auch Nigel Farage ließ sich nur bedingt vorhalten, er habe den Konsequenzen des Brexit ausweichen wollen. Als Anführer einer Partei mit damals einem Unterhausabgeordneten und ohne die geringste Aussicht auf Regierungsbeteiligung gab es für ihn nicht viel zu gestalten. Farage ging nicht, weil er sein Werk verachtet hätte, sondern weil er politisch erschöpft war.

Der hässliche Antagonismus setzte sich in den Brüsseler Austrittsverhandlungen fort, die von Anbeginn nicht darauf ausgerichtet waren, die prekäre Lage nach dem Brexit-Votum pragmatisch und guten Willens zu überwinden, sondern die gegnerische Seite vorzuführen. Das gelang der EU deutlich besser als den Briten, die nicht nur den Furor der Europäer unterschätzt hatten, sondern eine breite Angriffsfläche boten. Nur mühsam und von vielen Auseinandersetzungen begleitet, entwickelte die tiefgespaltene Regierung in London eine Vorstellung davon, wie der Brexit aussehen könnte. Das versetzte Michel Barnier und die EU-Kommission in die Lage, die Bedingungen für die Gespräche zu bestimmen und ihre Verhandlungs-«Partner» zugleich als überfordert und unseriös darzustellen.

Jenseits der technischen und finanziellen Fragen, die die Kommission lösen musste, verfolgte sie von Beginn an das Ziel, den Brexit scheitern zu lassen. Schon früh ließ sich ein abgestufter Plan erkennen: Als größten Erfolg würde die Kommission eine Revision des Brexit-Votums verbuchen. Nichts könnte den Mitgliedstaaten deutlicher vor Augen führen, dass sich ein Referendum über die EU-Mitgliedschaft nicht auszahlt und in einem politischen Tumult, letztlich einem «U-Turn» enden muss. Um ein Umdenken in Britannien zu fördern, erhöhte die Kommission die Hürden des Ausstiegs nach Kräften und damit die internen Spannungen in London. Das Risiko dieser Strategie ist Überreizung: Fühlen sich die Briten allzu sehr in die Ecke gedrängt, könnten sie die Flucht nach vorne antreten und die EU «ohne Deal» verlassen. Das würde Brüssel finanziell erschüttern, der europäischen (wie auch der britischen) Wirtschaft schaden und überdies die künftige (sicherheits)politische Zusammenarbeit erschweren.

Seit die Hoffnungen der EU gesunken sind, noch einen «Exit from Brexit» zu erreichen, steht das Ziel im Vordergrund, die Briten möglichst dicht an der Europäischen Union zu halten. Nicht nur käme dies den Interessen der europäischen Unternehmen entgegen, es würde den Brexit zu einem Phänomen reduzieren, das die britischen Ausstiegsfreunde finster «Brino» nennen – «Brexit in name only», also einen Brexit nur dem Namen nach. Es wäre eine Form des Ausstiegs, die ihn absurd erscheinen ließe: Britannien wäre weiterhin an viele Vorgaben aus Brüssel gebunden, würde aber nicht mehr am Entscheidungstisch sitzen. Aus Sicht der EU hätte ein solches Ergebnis den Vorzug, dass der Abschied des Königreichs in keinem Fall als Erfolg gesehen werden könnte. Bräche die britische Wirtschaft in den kommenden Jahren ein, würde Brüssel dies mit den natürlichen Folgen eines Ausstiegs begründen. Prosperierte Britannien hingegen, würde es heißen, dass sich das Königreich ja auch kaum von der EU entfernt hätte.

Hier lag der tiefere Grund dafür, dass die Europäische Union die irische Grenzfrage ins Zentrum der Verhandlungen rückte. Sie war Britanniens wunder Punkt, denn Mays Versprechen, keine harte Grenze auf der irischen Insel entstehen zu lassen, biss sich mit der Idee, den Binnenmarkt vollständig zu verlassen. Geschickt nutzten die Europäer und die britischen Brexit-Gegner Irland, um das Königreich in die alten Strukturen zu drängen. Britanniens erster Brexit-Minister David Davis hatte die Falle gesehen, die sich May selber aufgestellt hatte. Aber er konnte es nicht verhindern. Das war eine der Begründungen für seinen Rücktritt.

Mit der «Einigung von Chequers» im Juli 2018 hat die britische Regierung die Idee eines radikalen Bruchs mit der EU begraben. Davis warf das Handtuch, weil er die fortgeführte Abhängigkeit des britischen Parlaments von Brüssel befürchtete. Johnson beklagte in seinem Rücktrittsschreiben, etwas pathetisch, das «Sterben eines Traums, erstickt durch unnötige Selbstzweifel». Doch der Brexit-Zug fuhr weiter. Das Ziel, versicherte May, habe sich nicht geändert: die «Kontrolle über unsere Grenzen, unsere Finanzen und unsere Gesetze».

II. WURZELN DES ANDERSSEINS

JEDE NATION bringt ihre literarischen Helden hervor, und müsste man aus der reichen Dichtung der Briten einen herausheben, wäre es wohl Robinson Crusoe. In der Geschichte des Abenteurers, der sich 27 Jahre lang auf einer einsamen Tropeninsel durchschlug, steckt fast alles, was «Englishness» ausmacht. James Joyce, als Ire den Engländern nicht gerade in Zuneigung verbunden, sah in Daniel Defoes Protagonisten den «gesamten angelsächsischen Geist» verkörpert: «die mannhafte Unabhängigkeit, die unbewusste Grausamkeit, die Durchhaltekraft, die langsame, aber effiziente Intelligenz, die sexuelle Apathie, die kalkulierende Verschlossenheit.»[22] Die Erfahrungen des englischen Kaufmannssohns, der über die Einsamkeit zu seinem wahren Ich findet, weisen aber weit über den Charakter des «free-born Englishman» hinaus. Sie beschreiben die Merkmale und Bewegungsmuster einer ganzen Kultur: den Glauben an die Überlegenheit der englischen Zivilisation, die Zuversicht, dass sich Risiken auszahlen, die Überzeugung, dass ein Ziel am besten Schritt für Schritt, über «trial and error» erreicht wird.

Man muss nicht so weit gehen, Robinson Crusoe zu

einem Brexiteer im Geiste zu erklären, aber der Kosmos, den Defoe im Jahr 1719 mit seinem Helden erschaffen hat, ist voller Hinweise auf einen Nationalcharakter, der gleichsam zum Aufbruch drängt. Es ist ja eine ungeklärte Frage: Warum gerade die Briten? Warum sind ausgerechnet sie das erste Volk, das die Europäische Union verlässt? Viele ihrer Ausstiegsgründe hallen, wie wir gesehen haben und noch sehen werden, auf dem Kontinent wider, aber nirgendwo sonst wurde bisher die europäische Gretchenfrage gestellt – und dann noch gegen die EU entschieden.

Natürlich waren besondere Umstände im Spiel, Zufälle, wie immer in großen historischen Momenten. Ohne die innenpolitische Lage zu Beginn des Jahrzehnts und ohne Camerons Waghalsigkeit wäre das Referendum nicht zustande gekommen – und ohne das Chaos, in das Merkel das Festland just im selben Moment mit ihrer undurchdachten Grenzöffnung gestürzt hatte, wäre es womöglich anders ausgegangen. Sollten die Briten ihre Entscheidung in näherer Zukunft revidieren, könnte sich das EU-Referendum als Versehen in den Geschichsbüchern wiederfinden. Aber so wird es wohl nicht kommen.

Eine knappe, aber klare Mehrheit hat im Juni 2016 freiwillig Farewell gesagt, und in dieser Entscheidung liegt auch etwas spezifisch Britisches, etwas, das im «Anderssein» dieser Nation wurzelt. Geographie und Geschichte haben den Insulanern eine Prägung gegeben, die sich von der der Festlandnationen unterscheidet. Nur die Briten sind durch Wasser vom Kontinent getrennt, und nur die Briten fragen sich seit Jahrhunderten, ob sie zu Europa gehören oder nicht.

An dieser Stelle ist eine kleine Unterscheidung nötig: Denn streng genommen haben wir es nicht mit einem Brexit, sondern mit einem «Enxit» zu tun. Es waren die Engländer (und die schon ewig dazugehörenden Waliser), die für den Austritt votiert haben, während Schotten und Nordiren mehrheitlich in der EU bleiben wollten. Der Brexit ist damit vielleicht die letzte Verlängerung der englischen Dominanz ins 21. Jahrhundert hinein. Wenn die Engländer sprechen, müssen die 15 Prozent Nichtengländer noch immer zuhören und sich fügen. Das wird sich erst ändern, wenn die Schotten unabhängig und die Iren wieder eins sind, was im nächsten Jahrzehnt gut passieren kann.

Der Versuch, den Brexit aus der Vergangenheit, gleichsam aus dem Nationalcharakter der Briten abzuleiten, stößt also schon deshalb an Grenzen, weil es keine homogene britische Geschichte gibt. Schotten und Iren blicken anders auf sich und ihre Vergangenheit als die Engländer – und selbst diese haben, mit den Worten des schottischen Aufklärers David Hume, «unter allen Völkern des Universums am wenigsten einen nationalen Charakter – es sei denn, man erhebt diese Einzigartigkeit zu einem solchen». Hume wusste, wovon er sprach, denn als er seinen Essay *Of National Characters* 1754 veröffentlichte, konnte er schon auf acht Jahrhunderte englischer Nationalgeschichte zurückgreifen.

Dessen ungeachtet gibt es wohl kein Volk, das so oft

auf seine Eigenschaften und seine Entwicklungsdynamik hin abgeklopft wurde wie das englische, vorzugsweise von ihm selbst. In den mehr als 400 Jahren von William Shakespeares nationalen Seelenerkundungen über Daniel Defoes und George Orwells Annäherungen an den Volkscharakter bis hin zum halbironischen Selbstversuch der Anthropologin Kate Fox[23] haben Dutzende namhafter und Hunderte unbekannterer Autoren versucht, dem englischen Phänomen auf die Spur zu kommen und Linien herauszuarbeiten. Die Zahl ausländischer Autoren, die sich fasziniert über das Inselvolk beugten, geht noch darüber hinaus. 1930 seufzte der belgische Schriftsteller Émile Cammaerts: «Die Zahl kluger Bücher, in denen ausländische Autoren ihre Meinungen über das Leben und die Probleme in England geäußert haben, ist so groß geworden, dass die Idee, ein solches Buch zu schreiben, ihre Originalität verloren hat.»[24] Er tat es trotzdem.

Unter den Eigenschaften, die den Briten seit ihren Anfängen zugeschrieben wird, sticht eine hervor: Eigensinn. Das klingt banal, denn in gewisser Weise konstituiert Eigensinn die Idee fast jeder Nation. Der britische Eigensinn unterscheidet sich aber in zwei wichtigen Punkten. Er wies oft über die engeren, nationalen Interessen hinaus, und er brachte die Briten immer wieder in Stellung gegen die herrschenden Lehren auf dem Kontinent. Um das zu illustrieren, lohnt ein kurzer Ritt durch die britische Geschichte.

*

Die Römer beschrieben die weitgehend nackte Urbe-
völkerung Britannias als «sehr wilde und gefährliche
Kämpfer» (Herodian) und konnten ihrer unwirtlichen,
regnerischen Provinz im äußersten Norden überhaupt
wenig abgewinnen. Als Horaz im dritten Buch der
Oden den Musen erklärte, welche Opfer er zu geben
bereit sei, wenn sie doch nur bei ihm blieben, steigerte
er das Grauen dreifach: Er werde sich dem tobenden
Meer ausetzen, der glühenden Wüste anheimgeben und
sogar «die fremdenfeindlichen Briten besuchen». Einer
der wenigen Einträge, die Britannia in den Schriften
der Römer fand, bezog sich auf die «Verschwörung der
Barbaren» von 367. Wie bedeutend sie war, ist unklar,
jedenfalls begannen die Römer ein paar Jahrzehnte später zu weichen, und die Angelsachsen übernahmen für
die nächsten Jahrhunderte die Insel.[25] Mit dem Einfall
der Normannen 1066 war die Zeit der Invasionen dann
vorbei. Kein fremdes Volk setzte seither mehr einen
Stiefel auf die Insel.

Schon lange bevor die Briten ihr Weltreich begrün-
deten und weithin als zivilisatorisches Maß galten,
standen sie im Ruf der Überheblichkeit. Um die Wen-
de zum 16. Jahrundert gab der venezianische Botschaf-
ter Andrea Trevisano Eindrücke eines inselkundigen
Landsmannes wieder: «Sehr arrogant, selbstsicher und
misstrauisch gegenüber Ausländern, denen sie mit großer Antipathie begegnen in der Annahme, dass sie nur
auf die Insel kommen, um sie zu beherrschen. Es gibt
keine Menschen, die es ihnen gleichtun können, und
keine Welt außer England.» Auch wenn das Königreich

noch lange nicht auf dem Höhepunkt seiner Macht angelangt war, hatte es zu diesem Zeitpunkt schon einiges erreicht. Anders als in den Herrschaftsgebieten jenseits des Kanals war die Autorität des Monarchen eingeschränkt, das Recht fortgeschritten und das Parlament ein Faktor im Staat.

Vieles davon leitete sich aus der Magna Carta ab, die drei Jahrhunderte zuvor, im Jahr 1215, unterzeichnet worden war. Ob sie wirklich so einzigartig war, wie das vor allem in der britischen Literatur beschrieben wird, ist noch immer Gegenstand von Historiker-Kontroversen. Auch der Kaiser des Heiligen Römischen Reiches war in jener Zeit durch «Wahlkapitulationen» gezwungen, Rücksichten zu nehmen, und andernorts hatten ebenfalls vordemokratische Lockerungsübungen stattgefunden. Die Briten selber haben das Dokument lange Zeit vergessen. Als William Shakespeare König Johann, dem Unterzeichner der Magna Carta, 400 Jahre später ein Drama widmete, befand er die Urkunde keiner Würdigung wert. Erst im Laufe des 17. Jahrhunderts wurde sie gewissermaßen ausgegraben und fand dann rasch zu Ruhm – nicht zuletzt bei den Gründern der Vereinigten Staaten, die sich auf dieses erste bekannte Dokument der europäischen Verfassungsgeschichte beriefen, das der Willkür des Herrschers Grenzen setzte. Die Magna Carta war vielleicht die erste Demonstration englischen Eigensinns, die anderen als Inspiration diente.

Der Cambridge-Historiker Robert Tombs sieht in der Unterzeichnung des Dokuments eine Weichenstellung, die Briten und Europäer in verschiedene Richtungen hat gleiten lassen. Er leitet von der Magna Carta nicht weniger als das unterschiedliche Staats- und Geschichtsverständnis ab, das sich dies- und jenseits des Ärmelkanals entwickelt hat. Auf dem Festland, argumentiert Tombs, sehe man stets eine «Avantgarde» von Politikern oder Intellektuellen als Träger der Geschichte – und die Bürger gleichsam in deren Schlepptau; als Beispiele nennt er die Französische Revolution und den Risorgimento, also die italienische Einigung. Dieser Geringschätzung des Volkes habe Britannien mit seinem «Magna-Carta-Mythos» ein anderes Geschichtskonzept entgegengestellt: «Es sind die Leute, die führen, und die Politiker haben sich zu fügen.»[26]

Die Magna Carta fiel den Briten nicht zu. Sie erkämpften sie sich. Gleich nachdem der politisch geschwächte Johann das Dokument – unter dem Drängen des Adels – unterzeichnet hatte, rief er den Papst auf, es zu annullieren. Der tat das mit Nachdruck, schon weil es die Freiheit der englischen Kirche proklamierte und damit die Allmacht des Papsttums in Frage stellte. Innozenz III. nannte das Dokument «nicht nur schandhaft, sondern illegal und ungerecht» und verurteilte es «im Namen des allmächtigen Herrn, des Vaters, des Sohnes und des Heiligen Geistes und mit der Autorität des Heiligen Peter und Paul und seiner Apostel». Zugleich drohte er allen, die sich an die Magna Carta hielten, mit der Exkommunikation, was die Insel in einem Bürgerkrieg versinken ließ, der erst endete, als sich Johanns Sohn, der spätere Heinrich III., bereitfand, das Dokument zu respektieren. Die Briten hatten ihren Willen durchgesetzt – und sich, wenn man so will, zum ersten Mal einem europäischen Konsens widersetzt.

Dies war nichts im Vergleich zu der Kampfansage, die gute 300 Jahre später auf der Insel formuliert wurde: die eingangs erwähnte Abspaltung des Königreichs vom Papsttum und die Übernahme der englischen Kirche durch Heinrich VIII. Hinter der Entscheidung des Monarchen, sich vom Papst nicht in seine Heiratspläne hineinreden zu lassen, verbarg sich vor allem ein Souveränitätskonflikt. Der deutsche Englandkenner Thomas Kielinger fasste die Bedeutung des Augenblicks einmal präzise zusammen: «Der Paradigmen-Wechsel unter dem Tudor-Monarchen war nicht so sehr eine anti-katholische als eine politisch-nationale Revolution. [...] Im Grunde beginnt mit Heinrich VIII. die englische Großmachtpolitik – das Postulat der freien Hand in allen Belangen der Politik, einschließlich denen der Kirche.»[27]

Englands Bruch mit Rom wird nicht zu Unrecht als «erster Brexit» (David Starkey) apostrophiert. Schon damals ging es um den Konflikt zwischen nationaler und supranationaler Souveränität, und schon damals stellten die handelnden Akteure die Idee der Selbstbestimmung über das Risiko, das mit dem Schritt verbunden war. Im Vergleich zu heute vollzog das Königreich im Jahr 1534 einen Brexit XXL. Die von Heinrich verfügte Auflösung und Zerstörung der katholischen Klöster provozierte nicht nur gewaltsame Revolten im Königreich, sondern Kriegsdrohungen der papsttreuen

Mächte auf dem Kontinent. Aber Heinrichs Radikalität zahlte sich aus. Auch wenn nach seinem Tod eine Phase der Rückschläge und sogar der Gegenreformation einsetzte, führte das Königreich seinen Sonderweg fort. Unter Heinrichs Tochter Elisabeth I. (und mit Hilfe des Nationaldichters Shakespeare) erfand sich England dann gegen Ende des 16. Jahrhunderts endgültig neu. Fast alles wurde anders, im Sinne einer selbstbewussten englischen Nation, definiert: die Grenzen, die Sprache, die Literatur, letztlich die «Englishness».

Gut hundert Jahre nach dem «ersten Brexit» ließen die Briten die Kontinentaleuropäer ein weiteres Mal staunen. Elf Jahre lang, von 1649 bis 1660, wurde England von keinem König regiert, sondern als «Republik» geführt. Während die Nachbarn jenseits des Ärmelkanals dem Höhepunkt des Absolutismus entgegenstrebten, machten die englischen Abgeordneten König Karl I. in der Westminster Hall den Prozess und ließen ihm mit Billigung eines neu eingerichteten High Courts den Kopf abschlagen. Das Parlament, dessen Anhänger der königlichen Armee die Stirn geboten hatten, war siegreich aus dem Bürgerkrieg hervorgegangen, einstweilen jedenfalls. Oliver Cromwell und seine «New Model Army» schafften die Monarchie ab und gründeten das Commonwealth of England.

Die Republik, die unter dem «Lord Protector» Cromwell einer Diktatur ziemlich nahekam, überlebte bekanntlich nicht – geboren wurde, wenn auch erst nach weiteren drei Jahrzehnten politischer Wirren, die konstitutionelle Monarchie. Der Niederländer Wilhelm

von Oranien, den sich das Parlament in London aus-
gesucht und auf den Thron gesetzt hatte, war der erste
europäische Monarch, der sich klar definierten verfas-
sungsrechtlichen Einschränkungen, der «Bill of Rights»,
beugen musste. Mit dieser Revolution, schrieb Peter
Mandler in *The English National Character*, hätten sich
die Engländer «in mancher Hinsicht ein weiteres Mal
abgelöst vom Rest Europas – trotz des Umstands, dass
ihre Herrscher nun niederländischen oder deutschen
Ursprungs waren».[28]

Erst hundert Jahre später wurde Englands «glorreiche
Revolution» von den demokratischen Umwälzungen in
Amerika und Frankreich in den Schatten gestellt. Im
Königreich, das inzwischen durch die Union mit Schott-
land zum «Königreich von Großbritannien» geworden
war, ließ man sich davon aber nicht beeindrucken. Die
Französische Revolution habe «die Monarchie untergraben, ohne die Demokratie zu gewinnen», stellte Edmund Burke damals trocken fest. In Britannien setzte
man lieber auf die evolutionäre Weiterentwicklung der
staatlichen Verfassung, auf Reformen aus dem System
heraus. Die Briten verlegten die Revolution gewissermaßen von innen nach außen – und von der Politik in
die Wirtschaft. Der Kolonialismus rückte ins Zentrum
der Staatsgeschäfte, und der moderne Kapitalismus
entfesselte sich. Wieder preschten die Briten voran und
fanden eigene Wege.

Es war das 19. Jahrhundert, in dem ihr Eigensinn
endgültig in ein Gefühl der Überlegenheit umschlug.
Großbritannien machte die Dinge nicht mehr nur an-

ders, sondern erfolgreicher. Es trieb die Industrialisie-
rung voran und beherrschte die Meere. Zwischen 1760
und 1860, protokollierte Paul Kennedy in seinem *Aufstieg und Fall der großen Mächte*, verzehnfachte sich der
britische Anteil an der weltweiten Industrieproduktion
von zwei auf zwanzig Prozent. Der Kontinent wurde
abgehängt: Er produzierte ein Drittel des gesamteuro-
päischen Industriewachstums – die beiden anderen
Drittel wurden im Königreich erwirtschaftet. Mehr als
die Hälfte der weltweiten Stahl- und Kohleproduktion
war in Großbritannien beheimatet. Mitte des Jahrhunderts segelte ein Drittel aller Handelsschiffe unter
britischer Flagge, und das Königreich verbrauchte fünf-
mal mehr Energie als Amerika und sechsmal mehr als
Frankreich.[29] Im Rückblick eines Polemikers wie Boris
Johnson klingt das so: «Von den 193 gegenwärtigen UN-
Mitgliedern haben wir 171 erobert oder zumindest über-
fallen – das sind neunzig Prozent. Die einzigen Länder,
die scheinbar davongekommen sind, sind Orte wie der
Vatikan und Andorra. In der Periode zwischen 1750 und
1865 waren wir bei weitem das politisch und wirtschaftlich mächtigste Land auf der Erde.»[30]

In ihrer eigenen Wahrnehmung betrieben die Briten
die Ausbeutung der Kolonien, spätestens nach dem
Ende des Sklavenhandels 1807, mit geradezu huma-
nistischer Eleganz. Bis heute betonen sie, dass sie die
Rechtssysteme, die Schulen und das Gesundheitswesen
zivilisiert und die Infrastruktur ausgebaut hätten. In
der Darstellung des amerikanischen Historikers Will
Durant klang das ein bisschen anders. Nachdem er

die Lage in Britisch-Indien studiert hatte, schrieb er von der «Invasion und Zerstörung einer Hochkultur». Die Kolonialherren, fuhr er fort, hätten «skrupel- und prinzipienlos ohne Rücksicht auf Kunst und gierig auf ihren Vorteil bedacht, mit Feuer und Schwertern ein Land überrannt, das zwischenzeitlich durcheinander und hilflos war – bestechend und mordend, annektie-rend und raubend».[31] Gleichwohl ist bemerkenswert, mit wie wenig Militär die Briten ihre Kolonien im Griff behielten. Die Armee des Weltreichs zählte nicht mehr als 250 000 Mann, eine Streitkraft, die Ende des 19. Jahr-hunderts von Deutschen wie Franzosen spielend über-troffen wurde. Die Briten regierten ihr Empire mehr mit Geschick als mit Kanonen. Zumindest den Eliten in den besetzten Gebieten waren sie auch Vorbild. An-statt das größte Herrschaftsgebiet seit dem Römischen Reich zentralistisch zu steuern, ließen die Briten den kolonisierten Gesellschaften einen gewissen Raum und passten sich den Verhältnissen vor Ort an. Zugleich besiedelten sie einen Großteil der eroberten Gebiete, allen voran Kanada, Australien und Neuseeland.

Ende des 19. Jahrhunderts lebten schon mehr als zehn Millionen Briten fern der Heimat – und schufen so, ge-meinsam mit den inzwischen unabhängigen Amerika-nern, das Fundament der «angelsächsischen Welt», die nach dem Zeitalter des Imperialismus den Ton angeben sollte. Die kulturelle und sprachliche Prägung durch die Briten ging dabei weit über die «weißen» Länder hinaus, die sich heute im Rahmen der Geheimdienst-zusammenarbeit als «Five Eyes» bezeichnen. Auch in den fernöstlichen Weltfinanzzentren Hongkong und Singapur, vor allem aber in wirtschaftlich aufstrebenden Flächenstaaten wie Indien und Nigeria ist das Englische die Lingua franca der Eliten, weshalb – eine Randnotiz, die für etwas steht – britische Verlage und Zeitungen heute noch Wachstum verzeichnen können.

John Seeleys berühmte Sentenz, dass Britannien sein Weltreich «in einem Anfall von Geistesabwesenheit» erwarb, zeigt, wie die britischen Eliten im 19. Jahrundert ihr eindrucksvolles Werk zur Schau stellten: mit «understatement» und «self-deprecation». So war das Leitbild des modernen Briten: weltgewandt, dabei (scheinbar) bescheiden und auf lässige Weise effizient. Das rang selbst schwer zu beeindruckenden Geistern wie Johann Wolfgang von Goethe Respekt ab. 1828 sagte er zu Johann Peter Eckermann: «Die Engländer scheinen überhaupt vor vielen anderen etwas vorauszuhaben … So jung und siebzehnjährig sie hier auch ankommen, so fühlen sie sich doch in dieser deutschen Fremde keineswegs fremd und verlegen; vielmehr ist ihr Auftreten und ihr Benehmen in der Gesellschaft so voller Zuversicht und so bequem, als wären sie überall die Herren und als gehöre die Welt ihnen.»

Der Auftritt des Engländers, das war vor allem seine Gabe zu reden. Und Reden im Königreich, das hieß: lustvoll streiten, die Antithese bis zum Äußersten durchexerzieren und dabei immer die Fasson behalten. Nirgendwo fand das antike Ideal der «ars bene dicendi» – der Kunst des guten (und dialogischen) Redens – so würdige Nachfolger wie in Großbritannien. «Der allerunbedeutendste Redner hat mehr Form, Haltung und Rednertalent als ein ganzes Kollegium deutscher Stadträte zusammengenommen», befand Theodor Fontane, der in der Mitte des 19. Jahrhunderts ein paar Jahre lang als Korrespondent in London lebte.

Die rhetorische Leichtfüßigkeit der Engländer hatte auch damit zu tun, dass sie mit weniger, jedenfalls leichterem philosophischem Gepäck beladen waren. Der vergrübelte, schwerblütige Idealismus der deutschen Philosophen war ihnen fremd. Sie hatten den Empirismus hervorgebracht, der sich nicht an abstrakten Erkenntnisproblemen abarbeitete, sondern an konkreten Sinneserfahrungen schulte. Wo Kant und Hegel um das «Ding an sich» kreisten, machte sich John Locke Gedanken über das Verhältnis von Bürger und Staat und John Stuart Mill über die freie Entwicklung der Persönlichkeit. Zu Alexis de Tocqueville sagte Mill einmal: «Unsere Gewohnheit oder die Natur unseres Temperaments ziehen uns auf keine Weise in Richtung genereller Ideen.» Diese Tradition erklärt auch, warum sich die Briten so schwertun mit der Idee eines europäischen Staates, genauer der «Finalité». Das konkrete Problem, das der jeweils nächste Integrationsschritt mit sich brachte, erschien den Briten stets bedeutender als die Ausrichung auf ein schwer definierbares Fernziel.

Die intellektuelle Beweglichkeit und die ausgereifte Debattenkultur, die an den Schulen gelernt, an den Universitäten geschliffen und im Parlament wie auf den Dinner-Partys der gebildeten Schichten zur Vollendung geführt wird, erleichtern den Briten nicht nur das Repräsentieren. Sie haben auch eine erfrischende Furchtlosigkeit hervorgebracht. Denkverbote existieren im Königreich kaum. Kein Argument ist den Briten zu abwegig, um es nicht mit Genuss zu widerlegen oder mit einem eleganten Witz zu parieren. Klare Sprache, Humor und die Bereitschaft, nahezu alles zu hinterfragen, sind die Merkmale dieser Kultur, die in der politischen Öffentlichkeit bis heute fortbesteht. Sie lässt sich allmorgendlich im *Today*-Programm auf *BBC-Radio4* bewundern oder gegen Ende jeder Woche in der Zeitschrift *Spectator*, die seit anno 1828 die Grenzen der Redefreiheit mit diebischer Freude nach außen verschiebt. Selbst die Sprachregelungen der politischen Korrektheit, die sich immer bedrohlicher ausdehnen, haben diese traditionellen Arenen der «free speech» (noch?) nicht erobern können.

Der Respekt vor dem Andersdenkenden wurde zu einem britischen Markenzeichen. Als die politischen Verlierer der kontinentaleuropäischen 1848er-Revolutionen eine Zuflucht brauchten, halfen die Briten gern. Sie taten es nicht, weil sie die Vorstellungen des italienischen Freiheitskämpfers Giuseppe Mazzini oder des russischen Sozialisten Alexander Herzen teilten, und schon gar nicht schätzten sie die revolutionären Ansichten der (damals relativ unbekannten) deutschen Flüchtlinge Marx und Engels. Sie taten es aus einem liberalen Impuls heraus, den Premierminister Lord Russell in die simplen Worte fasste: «Unsere heilige Pflicht der Gastfreundschaft steht Personen aller Meinungen offen.» Politisch übersetzt hieß das: Auslieferungsbegehren europäischer Hauptstädte wurde nicht stattgegeben. In den späten 30er Jahren des 20. Jahrhunderts wurde das Königreich dann noch einmal zum Refugium europäischer, meist jüdischer Flüchtlinge – und profitierte davon erheblich. Sigmund Freud, Stefan Zweig, Karl Popper, Friedrich August von Hayek, George Weidenfeld, die Liste der von den Nazis Bedrängten und Verfolgten, die das Leben im Königreich bereicherten, war lang.

Erinnert man sich dieser Tradition, lässt sich die britische Europa-Diskussion besser begreifen. Was in den Ohren der Kontinentaleuropäer oft schrill und antagonistisch, ja respektlos klingt, ist oft nichts anderes als die Lust am robusten Debattieren. «Die Engländer», hielt Lord Dahrendorf einmal fest, «lieben alles, was Anstoß erregt und verschroben ist, und sie empfinden großes Vergnügen daran, politisch unkorrekt zu sein. Dabei sind sie sich oft nicht darüber im Klaren, dass man sie im Ausland ernster nimmt, als sie die Welt jenseits des Kanals namens Europa nehmen.» Es lässt sich nicht bestreiten, dass einzelne Zeitungen, selbst an Dahrendorfs Maßstab gemessen, gelegentlich über das Ziel hinausschießen, aber das Niveau der politischen Debatte – nicht zuletzt über Europa – ist insgesamt höher als in den meisten anderen Ländern. Im Königreich werden mehr kühne Gedanken diskutiert, mehr berechtigte Fragen gestellt, mehr Fehlentwicklungen durchdekliniert, mehr Alternativen ersonnen. Die Reformvorschläge für die EU, die David Cameron 2013 in seiner Rede in der Bloomberg-Zentrale London ausbreitete, waren so überzeugend, dass sie sogar bei

EU-treuen Kommentatoren in Berlin und Paris auf ein positives Echo stießen. Kurz darauf verhallte es dann.

Das Viktorianische Zeitalter wird von Historikern manchmal das «englische Jahrhundert» genannt.[32] Geradezu als Idealzustand erscheint manchen Briten die Phase der «Splendid Isolation» gegen Ende des 19. Jahrhunderts. Auf dem Kontinent mischten sie sich kaum noch ein und verzichteten auf Bündnisse, während sie jenseits Europas, in der Welt, die britische Vormachtstellung ausbauten. Es war eine Zeit des Wohlstands und des relativen Friedens – aber sie hatte ihren Preis. «Es ist recht schön da», schrieb Bismarck nach einem London-Besuch an seine Frau, «aber über Preußen wissen die englischen Minister weniger wie über Japan und die Mongolei.» Als die britische Regierung nach Viktorias Tod die freigewählte Isolation beendete und wieder Allianzen schmiedete, hatten sich die Kräfteverhältnisse auf dem Kontinent auf verhängnisvolle Weise verschoben. Europa steuerte auf den Ersten Weltkrieg zu. Der Kontinent, könnte man sagen, geriet immer dann in Turbulenzen, wenn Britannien sich heraushielt. So war es am langen Vorabend zum Ersten Weltkrieg, und so war es wieder in den dreißiger Jahren, als London die Nazi-Regierung in Berlin gewähren ließ und auf «Appeasement» setzte.

Britanniens Beziehungen zu Europa waren von jeher komplex, und an keinem Verhältnis lässt sich das Schwanken zwischen Anziehung und Abstoßung, Gemeinsamkeit und Rivalität besser illustrieren als am britisch-französischen. Es waren die Normannen, die

1066 von der französischen Küste aus auf der Insel ein-
gefallen waren. Lange blieben die englischen Könige im
Herzen Franzosen; sie besaßen große Teile des Terri-
toriums südlich des Kanals und beanspruchten sogar
den französischen Thron. Heinrich II. hatte im 12. Jahrhundert mehr Untertanen in Frankreich als in England,
und noch im 15. Jahrhundert wurde Heinrich VI. nicht
nur in Westminster Abbey gekrönt, sondern auch in
Notre-Dame. Jahrhundertelang war das Verhältnis von
Kriegen bestimmt, und erst aus dem «Zweiten Hundert-
jährigen Krieg», der mit dem Sieg über Napoleon endete, gingen die Briten als Stärkere hervor. Amerika hatten sie verloren, woran Paris nicht unschuldig war, aber
als Kolonialmacht war Frankreich in den Schatten gestellt. Es bedurfte eines gemeinsamen Rivalen – das auf-
strebende Deutsche Reich –, um die Erbfeinde Frankreich und Britannien zu Verbündeten werden zu lassen
und 1904 die «Entente cordiale» zu schmieden. Nach
den beiden Weltkriegen, die London an der Seite von
Paris geführt hatte (und dem gemeinsamen, verunglück-
ten Suez-Abenteuer von 1956), streuten die Franzosen
dann wieder Sand ins Getriebe, als sie sich in den sechziger Jahren gegen die Mitgliedschaft der Briten in der
Europäischen Wirtschaftsgemeinschaft wehrten. Die
Worte, mit denen Staatspräsident Charles de Gaulle
den Briten ihren Platz am Rande zuwies, waren wie in
Stein gehauen: «Großbritannien ist ein insulares, ein
maritimes Land. Die Natur, die Struktur und die Kon-
junktur, die Großbritannien eigen sind, unterscheiden
sich zutiefst von denen der Länder auf dem Kontinent.»

Ob das Königreich zu Europa gehört oder nicht, hat die Briten und ihre Nachbarn immer beschäftigt. Lord Bolingbroke, der 1714 den Frieden von Utrecht für Großbritannien verhandelt hatte, vertrat dazu eine klare Auffassung: «Seien wir allzeit eingedenk, dass wir Nachbarn des Festlandes sind, nicht aber ein Teil von ihm; dass wir Europa zugeordnet sind, nicht aber ihm angehören.» Mehr als zweihundert Jahre später, zwischen den Weltkriegen, definierte Winston Churchill die britische Sonderposition auf subtilere Weise: «Wir stehen zu Europa, gehören aber nicht dazu; wir sind verbunden, aber nicht umfasst; wir sind interessiert und assoziiert, aber nicht absorbiert; wir gehören zu keinem einzigen Kontinent, sondern zu allen.» Die Spannung, die in der Zugehörigkeitsfrage steckt, verdichtete sich in einem Dialog zwischen Churchill und dem deutschen Bundeskanzler Konrad Adenauer, der 1951 in der Downing Street empfangen wurde. «Sie können beruhigt sein, Herr Bundeskanzler, Großbritannien wird immer an der Seite Europas stehen», sagte der Gastgeber, worauf sein Gast entgegnete: «Herr Premierminister, da bin ich ein wenig enttäuscht, England ist ein Teil Europas.» Der Erste Weltkrieg, der im Königreich «Great War» genannt wird (in Abgrenzung zum «World War II»), war für die Briten eine traumatische, aber auch transzendierende Erfahrung. Eine ganze Generation junger Männer wurde ausgedünnt; die Trauer um die Söhne verband alle Schichten und transformierte die Gesellschaft. Sie wurde egalitärer und zugleich homogener. Mandler beschreibt, wie der Kontakt zwischen Offizieren und einfachen Soldaten mehr als nur ein nationales Wir-Gefühl hervorgerufen hat. Im Schützengraben hätten die Schichten erstmals verstanden, dass sie sich kulturell viel näher seien als gedacht, ja dass es einen klassenübergreifenden Nationalcharakter gebe, geprägt von «einem groben Sinn für Humor und gleichzeitig einem Zug von Liebenswürdigkeit und Sanftheit und Faulheit»[33].

Die Melancholie, die der Blick in den Abgrund des ersten Massenvernichtungskriegs ausgelöst hatte, wurde vom Bröckeln des Weltreichs verstärkt. Die Ablösung des südlichen Irlands, die wachsenden Freiheitsbestrebungen in Indien und der nicht mehr zu leugnende Aufstieg Amerikas kündigte den politisch Sensiblen eine neue Ära an. Aber noch hatte das Empire seine maximale Ausdehnung, und der ärgste Rivale, Deutschland, schien nach dem Vertrag von Versailles am Boden; so sehr, dass das Königreich die junge Republik in den frühen 20er Jahren sogar unterstützte. Nur langsam vermählte sich das britische Selbstbewusstsein, ein exklusives, gleichsam auserwähltes Volk zu sein, mit der Einsicht, auf Dauer ins Glied zurücktreten und im Bund mit anderen Nationen eigene Interessen und Werte durchsetzen zu müssen. Pazifismus wurde zur herrschenden Strömung. Mit Ramsey MacDonald zog ein Kriegsdienstverweigerer in 10 Downing Street ein, und 1935 sprachen sich die Briten im «Peace Ballot»-Referendum mit überwältigender Mehrheit für eine international verhandelte Abrüstung sowie für einen Stopp von Waffenproduktion und -handel aus. Es war Adolf Hitler, der den Briten einen Strich durch die Rechnung machte und sie, vielleicht zum letzten Mal, in eine globale militärische Führungsrolle zwang.

Neville Chamberlains Kriegserklärung an Nazi-Deutschland war zunächst eine Frage der Selbstachtung. Britannien hatte Polen (gemeinsam mit Frankreich) Garantien gegeben und stand im Wort. Dennoch muss man den Schritt in zweierlei Hinsicht als erstaunlich bezeichnen. Zum einen war die britische Öffentlichkeit immer noch kriegsmüde. Begeistert hatte sie Chamberlain empfangen, als er ein Jahr zuvor aus München zurückgekommen war und von «peace in our time» geschwärmt hatte. Aus weiten Teilen des Königreichs wehte den Festlanddiktatoren Indifferenz, wenn nicht Sympathie entgegen. Respektable Persönlichkeiten wie der frühere Premierminister David Lloyd George, Kabinettsmitglieder wie Anthony Eden und Lord Halifax, der Eigentümer der *Daily Mail*, Lord Rothermere, oder der frühere Luftfahrtminister Lord Londonderry, ja selbst Kronprinz Eduard, der 1936 als Eduard VIII. kurzzeitig in den Buckingham Palace einzog, hatten sich bewundernd über Hitler geäußert – mancher von ihnen bis zum Vorabend des Polenfeldzugs. Winston Churchill war einer der wenigen, der (jedenfalls nach 1935) den Abgrund in Hitler erkannte. Britanniens Kriegserklärung erstaunte aber auch, weil das Königreich im September 1939 dem hochgerüsteten «Dritten Reich» weit unterlegen war und außerdem ziemlich allein dastand. Britanniens europäische Verbündete und mögliche Verbündete waren oder wurden sehr bald von Deutschland besetzt, hielten sich neutral oder hatten sich, wie die

Sowjetunion, zum Nichtangriff verpflichtet. Und die Vereinigten Staaten dachten anfangs überhaupt nicht daran, ein weiteres Mal in Europa einzugreifen. Die Briten zogen daher in einen fast aussichtslos wirkenden Kampf, der erst mit Churchills Amtsantritt Konturen der Entschiedenheit annahm. Aber auch Churchill machte sich wenig Illusionen. In öffentlichen Reden stärkte er die Kampfmoral, in privaten Gesprächen, wie mit seinem Militärberater General Hastings Ismay, klang er düster: «Armes Volk. Es vertraut mir, aber ich kann ihm für ziemlich lange Zeit nichts als Desaster anbieten.»

Geradezu tollkühn war der Entschluss, den Churchill nur wenige Wochen nach seinem Amtsantritt fasste: Er widerstand dem Drängen der Franzosen und lehnte das (über Italien vermittelte) Angebot Berlins zu Friedensverhandlungen ab. Das war umso verblüffender, als das britische Expeditionsheer und die französischen Truppen zur selben Zeit, Ende Mai und Anfang Juni 1940, in Dünkirchen eine militärische Katastrophe erlebten. Churchill vermutete, wahrscheinlich nicht zu Unrecht, dass ein Frieden mit Hitler nur nach den Maßgaben des Stärkeren erzielt werden könnte. Seinen Ministern, die wie Halifax für Sondierungen plädierten, hielt er entgegen: «Nationen, die kämpfend in die Knie gehen, werden auch wieder aufstehen, aber solche, die aufgeben, sind erledigt.» So setzte Churchill aufs Ganze und traf damit die vielleicht wichtigste Entscheidung im Zweiten Weltkrieg. Der große deutsche Essayist Sebastian Haffner bilanzierte das nach dem Krieg mit der ihm eigenen Nüchternheit: «Mit seinem Widerstand hat Churchill die physische, wirtschaftliche und imperiale Existenzgrundlage Englands aufs Spiel gesetzt – die physische hat er bewahrt, die Wirtschaft ruiniert, das Empire verloren.»

Die mutige nationale Selbstbehauptung begründete den britischen Mythos des Zweiten Weltkriegs. Es war «unsere Insel», zu deren Verteidigung Churchill in seiner berühmten Unterhausrede am 4. Juni 1940 aufrief, in Frankreich, auf den Meeren und Ozeanen, auf den Stränden, den Landungsplätzen, den Feldern, den Straßen und den Hügeln. Und es war «das Britische Weltreich und der Commonwealth», in dem die Menschen noch in tausend Jahren über die Briten sagen sollten: «This was their finest hour.» Erst später drang die internationale, zivilisatorische Mission des Krieges in den Vordergrund, der Kampf gegen die «monströse Tyrannei» und ein «neues dunkles Zeitalter», was den Einsatz der Briten um die moralische Dimension erweiterte. Entschieden wurde der Krieg am Ende durch die Sowjetunion und die Vereinigten Staaten, aber ohne das Königreich und dessen frühe Entschlossenheit wäre er vermutlich anders verlaufen.

Von der Spanischen Armada über Napoleon bis zu Hitler – aus britischer Sicht war es stets das Königreich gewesen, das Despotie und Aggression auf dem Kontinent erfolgreich bekämpft hat. Erwachsen ist daraus das Selbstvertrauen, in internationalen Konflikten gleichsam instinktiv auf der richtigen Seite zu stehen – und überdies ein gänzlich ungetrübtes Verhältnis zur Nation. «Nationalismus» ist auch im Königreich ein

Wort mit Hautgout, aber der Stolz auf den britischen Nationalstaat und dessen Geschichte ist ungebrochen.

Der Staat als Feind, so wie ihn Deutsche, Italiener, Ungarn oder Spanier in den vergangenen hundert Jahren erlebt haben, ist nicht Teil der britischen Erfahrung. Hin und wieder gab es auch im Königreich staatliche Willkürakte und Verfolgungen, die mal die Katholiken, mal die Protestanten trafen, aber das ist lange her. Im Großen und Ganzen waren Staat und Bürger auf derselben Seite und haben sich gegenseitig nicht enttäuscht. In diesem Gefühl von Kontinuität und Unverwundbarkeit unterscheiden sich die Briten von den Nationen auf dem Festland. Bei allen Verlusten, die die Briten an der europäischen Front und im Bombenhagel auf die eigenen Städte erlitten – nie mussten sie das Hallen deutscher Stiefel auf britischem Kopfsteinpflaster hören.

Geblieben ist aus diesen Gründen auch ein anderes Verhältnis zum Krieg. Er steht im Königreich nicht für Niederlage, Schuld oder gar Scham, sondern für Sieg, Rettung und ehrenhafte Ziele. Kaum ein Land huldigt der eigenen Kriegsgeschichte und deren Helden so hemmungslos wie Britannien. Zahllose Kriegsdenkmäler stehen dafür Zeuge, aber auch das Imperial War Museum oder der angesehene Studiengang der «War Studies». Die dunkleren Kapitel der nationalen Erzählung sind unterbelichtet. Sklavenhandel und Kolonialverbrechen führen sowohl in den Museen als auch in den Schul-Curricula ein stiefmütterliches Dasein. Bis heute stehen angemessene Entschuldigungen für die Massaker aus, die britische Soldaten in Indien und anderen Orten ihres Kolonialimperiums begangen haben. Selbst die Bombenangriffe auf die Bevölkerung, unter denen in den vierziger Jahren nicht nur Deutsche (sondern etwa auch Zivilisten in Surabaya) gelitten haben, werden im allgemeinen Bewusstsein als Fußnoten insgesamt gerechter Kriegshandlungen behandelt.

Versuche, Europa zu einigen und dabei auch das Königreich unter eine gemeinsame Fahne zu bringen, waren aus Sicht britischer Nationalisten immer Zwangsaktionen. Sie ziehen ohne Wimpernzucken eine Linie vom Römischen Reich über Karl den Großen zu Napoleon und Hitler bis zur Europäischen Union. Derartige Polemiken gegen die europäische Einigungsidee sind Legende. Schon die Montanunion wurde in Regierungsdokumenten als «grotesk und absurd» bezeichnet. In den Beratungen, die dann zur Gründung der EWG führten, erklärte der als Beobachter entsandte Russell Bretherton, ein britischer Wirtschaftswissenschaftler und Spitzenbeamter, den anwesenden Außenministern: «Gentlemen, Sie versuchen hier etwas auszuhandeln, was Sie nie auszuhandeln imstande sein werden, und wenn doch, wird es niemals ratifiziert. Aber wenn es ratifiziert werden sollte, wird es nie funktionieren.»[34] In einem Kabinettspapier aus dem Jahr 1955 hieß es, es sei «im britischen Interesse, dass der Gemeinsame Markt zusammenbricht». Die Skepsis, ja Feindseligkeit, die die Briten dem «europäischen Projekt» entgegenbrachten, reichte bis tief in die Phase der Mitgliedschaft hinein. In den achtziger Jahren bezeichnete das Foreign Office die Europapläne des deutschen Außenministers Hans-

Dietrich Genscher als «langatmig», «germanisch» und «theologisch». Und gegen den britischen Handelsminister Nicholas Ridley, der die geplante Währungsunion 1990 einen «deutschen Schwindel» nannte, «ausgeheckt, um sich ganz Europa zu unterwerfen», nehmen sich die heutigen Brexiteers wie Tauben aus. Er sei nicht prinzipiell gegen die Abgabe von Souveränität, sagte Ridley damals, «aber nicht an diesen Haufen – dann kann man sie, ehrlich gesagt, auch gleich an Adolf Hitler abgeben». Ein Satz, für den er immerhin zurücktreten musste.

Der Verlust des Empires und die lange wirtschaftliche Schwäche, die dem Zweiten Weltkrieg folgte, haben die Briten verdrossen, aber nicht wirklich verunsichert. Das britische Überlegenheitsgefühl blieb selbst in der schweren Krise der siebziger Jahre intakt, als nicht nur auf dem Kontinent vom «kranken Mann Europas» gesprochen wurde. «Unser Essen wurde abgekocht, und unsere Zähne waren fürchterlich, und unsere Autos funktionierten nicht, und unsere Politiker waren so hoffnungslos, dass sie nicht mal das Licht brennen lassen konnten, weil die Bergleute ständig auf Streik waren», erinnerte sich Boris Johnson einmal an seine Kindheit. Aber der Kopf wurde oben getragen. Karl Heinz Bohrer, damals *FAZ*-Kulturkorrespondent in London, hielt fest, dass die Briten selbst inmitten der Misere die «Vorstellung von der notorischen Inferiorität der Kontinentaleuropäer» pflegten. So schlecht konnte es ihnen offenbar gar nicht gehen, dass sie sich den Europäern unterlegen fühlen – eher, so Bohrer, zeigten sie «eine Art Erstaunen darüber, wie derlei überhaupt

geschehen konnte». Nicht einmal in der Hilflosigkeit verloren die Briten ihre Arroganz: «Was soll man
eigentlich schon ändern, wo man doch ohnehin die
Beste aller Waffen hat, nämlich das allen anderen über-
legene englische Ingenium?»

In Sätzen, die verblüffend an die heutige Lage erinnern, beschrieb Bohrer auch die andere Seite, die «Ag-
gressivität und Verbitterung», die damals in deutschen
Kreisen herrschte: «Hoffend, die Engländer würden
psychologisch ‹überkommen›, nachdem sie auch bis
zum Hals in der Tinte sitzen, sehen sich solche Deutsche mit der Tatsache konfrontiert, dass die Engländer
noch immer nicht das Gemeinsame, sondern das Un-
terscheidende betonen.»[35]

✳

Mehr als vier Jahrzehnte in der EU mögen den Briten
das metrische System nähergebracht haben und den
europäischen Standard der Abgasnormen und Arbeitszeiten. Aber geholfen hat es wenig. Man fährt immer
noch links im Königreich, und vor allem fühlt man sich
anders. Ferngeblieben ist den Briten nicht zuletzt, wie
die Kontinentaleuropäer ihre Wirtschaft organisieren,
wie sie mit Geld umgehen und ihre Arbeitsverhältnisse
gestalten. Das Konsensuale, das die Arbeitsbeziehungen in Deutschland definiert, der traditionelle französische Dirigismus, die europäische Börsenmuffelei,
das verbreitete Misstrauen in die selbstregulierenden
Kräfte des Marktes, kurz: das ganze Gezähmte des

«rheinischen Kapitalismus» betrachten viele Briten mit Befremden.

Britannien blickt mit dem Selbstbewusstsein des Erfinders auf den modernen Kapitalismus. Es war (der Schotte) Adam Smith, der die Grundlagen der freien Marktwirtschaft zum ersten Mal durchbuchstabierte, darunter die Bedeutung von Eigeninteresse und Wettbewerb für den Wohlstand einer Nation, den Zusammenhang von Angebot und Nachfrage und die Idee der Arbeitsteilung für den Welthandel. Er verpasste dem britischen Wirtschaftsleben einen theoretischen Rahmen und setzte zugleich, gemeinsam mit den von ihm beeinflussten Denkern David Ricardo und John Stuart Mill, wichtige Impulse. Die Kolonialmacht Großbritannien verfügte in der zweiten Hälfte des 18. Jahrhunderts schon über eine globale Wollproduktion und Handelspartner in aller Welt. Als Smiths Hauptwerk *The Wealth of Nations* 1776 herauskam, war die Entwicklung des mechanischen Webstuhls in vollem Gang; kurz zuvor war die Dampfmaschine erfunden worden. Bald befeuerte die Massenproduktion den Merkantilismus. Die Textilindustrie wurde zunächst durch den Bergbau ergänzt, dann durch Stahlwerke, schließlich durch den Maschinenbau.

Es war kein Zufall, dass Friedrich Engels seine Sozialstudien vor allem in Manchester betrieb. Der Kapitalismus, der dort in der Mitte des 19. Jahrhunderts wütete (und mit dem Namen der Stadt verbunden blieb), war der härteste, ausbeuterischste, den die Welt damals kannte. Dies ließ Engels und seinen Freund Marx hoffen, dass dort auch die erste proletarische Revolution stattfinden würde, «der klassische Boden für diese Umwälzungen», wie es hieß. Aber so kam es bekanntlich nicht. Die britischen Arbeiter erkämpften sich ihre Rechte ohne Umwälzung, wenn auch in geringerem Umfang als die Arbeiter jenseits des Kanals. Urlaubsansprüche, Mutterschutz, Bestandsschutz bei Betriebsübergängen, viele Rechte waren im Königreich unterentwickelt oder gar nicht vorhanden, und einige von ihnen fanden erst über die EU-Mitgliedschaft Eingang ins britische Arbeitsrecht.

Das Verhältnis zwischen Arbeitnehmern und Arbeitgebern ist in Britannien ähnlich konfrontativ wie das zwischen Regierung und Opposition, die im Unterhaus nicht in einem freundlichen Halbkreis sitzen, sondern schroff gegenüber. Sozialpartnerschaft oder paritätische Mitbestimmung – Begriffe, mit denen ganze Generationen in Deutschland groß geworden sind – sind in Britannien Fremdwörter geblieben. Die Arbeitgeber organisieren das Geschäft, die Arbeitnehmer folgen, und wenn es ihnen zu bunt wird, legen sie die Arbeit nieder. Die Streiks im «Winter of Discontent» (1978/79) und dann gegen die Bergbauschließungen unter Margaret Thatcher in den achtziger Jahren waren von einer Radikalität, wie sie auf dem Festland ihresgleichen sucht. Bis heute haben sich die britischen Gewerkschaften mit dem «System» nicht versöhnt. Vor allen in den Tories sehen sie unverändert den Klassenfeind.

Im Königreich gab es immer etwas mehr Kapitalismus und immer etwas weniger Sozialstaat. Wo

Deutsche seit Bismarck staatliche Ansprüche auf eine Krankenversicherung besaßen, kamen Briten erst nach dem Zweiten Weltkrieg in den Genuss eines nationalen Gesundheitsdienstes. Der öffentlich finanzierte National Health Service, der «kostenfreie» Behandlung für jedermann garantiert, gibt den Briten das Gefühl, in einem großzügigen Sozialstaat zu leben. Weitere Leistungen sind dazugekommen, wie der soziale Wohnungsbau, das «tax credit»-System und andere Unterstützungen arbeitsloser und sozial schwacher Bürger. Aber der Anteil, den der Staat für die Wohlfahrt ausgibt, gehört zu den geringeren in Europa. Dass dies so bleibt, dafür sorgen schon Massenblätter wie die *Daily Mail* und die *Sun*, die zwar von den Unterprivilegierten gelesen werden, aber (sozial- und wirtschafts)politisch eher rechts als links schwingen, genauer: eher liberal als etatistisch.

Die britische Klassengesellschaft ist durchlässiger geworden, aber dabei seltsam intakt geblieben. 1957, im Kabinett von Anthony Eden, hatten noch alle 18 Minister Privatschulen besucht (zehn von ihnen Eton). Im – ebenfalls konservativen – Kabinett von Theresa May gilt das nur noch für ein Drittel der Minister. Auch in anderen Institutionen des Landes hat sich der Anteil derer erhöht, die aus nicht privilegierten Elternhäusern kommen. Aber selten gehören sie, ob nun Professor an der London School of Economics oder Kolumnist im *Spectator*, wirklich dazu. Die richtige Schulkrawatte, das alte Familienlandhaus, die stilgerechte «shooting»-Kleidung und das Gewehr des Großvaters sind noch immer die Insignien des inneren Kreises, und weiterhin verblüfft der hohe Anteil vertraut klingender Nachnamen, die sich im Unterhaus, in den Ministerien, an den oberen Gerichtshöfen, in den einschlägigen Anwaltskanzleien, in den Kulturtempeln und den Chefetagen des Finanzdistrikts wiederfinden. Diese Vertreter des alten Establishments verbindet meistens eine teure Ausbildung an klangvollen Institutionen, ein in Aussicht stehendes Erbe und oft eine Familiengeschichte, die in irgendeiner Form mit den Zeitläuften der Nation verknüpft ist. Die Selbstsicherheit, die viele Briten im internationalen Verkehr ausstrahlen, fußt auf diesem Hintergrund. Sie spiegelt nicht nur den Stolz auf die Nation wider, sondern den auf die eigene Familie, wobei im Zweifel beide etwas miteinander zu tun haben.

Fontanes Beobachtung, dass das Königreich eine politische, aber keine soziale Demokratie hervorgebracht habe und «englisch-chinesischen Kastengeist» atme, gilt nur noch bedingt. David Goodhart, der für sein Buch *The Road to Somewhere* britische und internationale Sozialstatistiken ausgewertet hat, sieht im Königreich sogar mehr soziale Mobilität als in vielen anderen Ländern Europas. Die Obsession mit den Klassen ist gleichwohl geblieben. Eine breit angelegte Untersuchung, der «Great British Class Survey», kam 2015 zu dem Ergebnis, dass die alte Unterteilung in «upper class», «upper middle class», «middle class», «lower middle class» und «working class» nicht mehr die Realitäten abbildet, aber die neu vorgeschlagene siebenteilige Klassengliederung hat sich im Gesprächsalltag nicht durchsetzen können.

Fast jeder fühlt sich weiterhin einer der fünf etablierten Klassen zugehörig.

Am unteren Ende der Skala, in der «Arbeiterklasse» und der «lower middle class», hat es in den vergangenen Jahrzehnten die stärksten Veränderungen gegeben. Der wirtschaftliche Strukturwandel und die gewachsene Zuwanderung ungelernter Arbeiter haben ein Prekariat entstehen lassen, das nicht mehr so homogen ist wie die traditionelle «working class». Der soziale und vor allem der gefühlte Abstand zu den Eilten ist eher gewachsen. Auch wenn die Ungleichheit der Einkommen seit 2007 schrumpft, ist Britannien laut Goodhart «eines der ungleichsten unter den reichen Ländern geblieben». Nirgendwo in Europa lässt sich das so sehr mit bloßem Auge erkennen: Wer im Londoner Stadtteil Mayfair ins Auto steigt und in eine nordenglische Stadt wie Hartlepool fährt, glaubt nicht, dass er im selben Land geblieben ist. Der optische Eindruck manifestiert sich in der Statistik des «Longevity Science Panel», der im Februar 2018 mitteilte, dass sich die durchschnittlichen Lebenserwartungen in den armen und reichen Gegenden des Königreichs nicht angleichen, sondern auseinanderklaffen. Schon 2001 durfte ein reicher Junge damit rechnen, sieben Jahre älter zu werden als ein armer. Jetzt sind es fast achteinhalb Jahre. Das Königreich befinde sich in der «Spirale immer weiter wachsender Spaltung», hielt die «Social Mobility Commission» Ende 2017 fest. Nicht mehr die Arbeitslosigkeit hält die unteren Schichten der Gesellschaft am Boden, sondern schlechte Bezahlung. Die Kommission spricht von einem «endemischen Niedriglohn-Problem» in Britannien. In Sachen Einkommensungleichheit wird das Königreich nur noch von Estland, Griechenland und Spanien übertroffen.

Auch wenn mancher Brite das deutsche Verfassungsziel, «gleichwertige Lebensverhältnisse» herzustellen, bewundert, so fehlt es doch bei vielen an der nötigen Solidarität im eigenen Land. Die Verachtung, mit der die höheren Stände in London in privaten Gesprächen auf den Rest des Landes hinabblicken, kann einem Kontinentaleuropäer den Atem verschlagen. Entsprechend sonderbar erscheint den meisten Briten auch der Auftrag der Europäischen Union, die Lebensverhältnisse innerhalb der Union anzugleichen. Manchmal zeigt sich der tiefe soziale Riss gleich hinter dem eigenen Garten. Der «Grenfell Tower», der im Sommer 2017 in Flammen aufging, steht im reichen Londoner Stadtteil Kensington. 72 Bewohner kamen in dem Feuer ums Leben. Weder die Hausverwaltung noch die örtlichen Behörden hatten die Notwendigkeit gesehen, den Sozialbau mit ausreichendem Brandschutz auszustatten. Die Empörung darüber war gewaltig, aber ob die öffentliche Aufarbeitung, die noch Jahre in Anspruch nehmen wird, ein langfristiges Umdenken einleitet, bleibt fraglich.

Vermutlich sind die Briten die einzige Nation Europas, in der es Festredner wagen, ein Loblied auf die Ungleichheit zu singen. Als Boris Johnson im November 2013, damals noch als Londoner Bürgermeister, die erste «Thatcher-Lecture» nach dem Tod der langjähri-

gen Premierministerin hielt, warf er sich für die Super-
reichen in die Bresche und schlug, halbernst, vor, sie
für ihre überproportional hohen Steuerzahlungen zu
Rittern zu schlagen. Zugleich bekannte er: «Ich glaube
nicht, dass wirtschaftliche Gleichheit möglich ist; tatsächlich ist ein gewisses Maß an Ungleichheit essen-
ziell, um den Geist des Neids aufrechtzuerhalten, der
… wie die Gier ein wertvoller Antrieb wirtschaftlicher
Aktivität ist.» Auf dem Kontinent würde ein Politiker
derartige Äußerungen politisch kaum überleben – im
Königreich wird ihm, zumindest unter Konservativen,
applaudiert.

Eigenverantwortung, Wettbewerb, manche würden
sagen: ein Schuss Sozialdarwinismus gehören zum
Selbstverständnis des britischen Wirtschaftslebens.
Hinzu kommt ein recht ungebrochener Fortschrittsoptimismus, der neuen Feldern, auf denen sich Geld
verdienen lässt, erst einmal offen gegenübersteht: von
raffinierten Finanzprodukten über Big Data bis hin
zu den neuen Schnittstellen von Biowissenschaften
und künstlicher Intelligenz. Die Erfahrungen mit dem
Strukturwandel der vergangenen Jahre und der konservativen Austeritätspolitik haben die Skepsis gegenüber
wirtschaftsliberalen Positionen wachsen lassen, was sich
in Teilen der Regierungspartei und vor allem bei der
nach links gerückten Labour Party niederschlägt. Aber
noch sind die Briten in ihrer Grundausrichtung den
Amerikanern näher als den kontinentaleuropäischen
Nationen, die dem Markt tendenziell misstrauen, die
Idee sozialer Gerechtigkeit in den Vordergrund stellen

und technologischen Neuerungen oft mit ethischen Bedenken begegnen.

*

Wenn die britische Wirtschaft von mehr Freiheit geprägt ist, verlangt die britische Gesellschaft nach mehr Sicherheit. Britannien verhält sich hier genau spiegelbildlich zum Festland, das seine Arbeitsbeziehungen und Unternehmen gerne reguliert, den Bürgern aber möglichst viel Freiraum gewährt. Das erstaunliche Kontrollniveau des britischen Miteinanders, die Diktatur von «Health and Safety», das rigide behördliche Vorgehen gegen «antisoziales Verhalten», die strengen Kodizes politisch korrekter Sprache, nicht zuletzt die lückenlose Überwachung durch Millionen von Videokameras – all dies sind verhältnismäßig neue Phänomene, die angesichts der libertinären Tradition des «free-born Englishman» erstaunen. Auch sie haben mit den Vereinigten Staaten zu tun und deren Einfluss auf das Königreich.

Amerika ist ja nicht nur ein «special partner», sondern Fleisch vom eigenen Fleisch. Von «unserer Kreation» ist manchmal die Rede, wenn Briten über die Vereinigten Staaten sprechen. Bald 250 Jahre Unabhängigkeit haben die Amerikaner vieles neu und anders machen lassen, aber die alten Bande blieben bestehen und erlebten in Schüben sogar eine Intensivierung. In vornehmeren Kreisen des Königreichs hält sich noch ein Dünkel gegenüber den «kulturlosen» Amerikanern;

dort fühlt man sich den Europäern mit ihrer weit zu-
rückreichenden, oft mit Britannien verflochtenen Geschichte näher. Doch im Alltag überwiegt die Nähe zu
den Vereinigten Staaten: vom Mode- und Schönheits-
ideal über die Akzeptanz von Fastfood und Self-Service
bis zur «Verkettung» der Innenstädte und dem tendenziell spielerischen Umgang mit Geld.

Über kein Land fühlen sich die Briten so gut infor-
miert wie über Amerika. Britische Korrespondenten
sind in Washington dichter am politischen Geschehen
als in irgendeiner Hauptstadt Europas. Kongressabge-
ordnete und Senatoren sprechen mit britischen Journa-
listen, als kämen sie aus dem eigenen Land. Die gleiche
Verschränktheit lässt sich in der Literatur, der Musik,
dem Film, dem Theater oder dem Kabarett (Comedy)
beobachten. Gebildete Briten wissen, über welche
Bücher in Amerika gesprochen wird; dafür müssen sie
nicht die *New York Review of Books* lesen, die natürlich
bei den besser sortierten «News Agents» im Königreich
ausliegt. Amerikanische Autoren werden in Britannien
ähnlich betrachtet wie österreichische oder schweize-
rische Schriftsteller in Deutschland – als Interpreten
eines gemeinsamen Kulturraums. Viele Schauspieler,
Musiker und Intellektuelle verlassen das Königreich in
Richtung Amerika, ohne jemals zu gehen. Wenn ein
populärer Historiker wie Niall Ferguson einem Ruf
nach Stanford in Kalifornien folgt, bleibt er seinem
Heimatpublikum als Kolumnist der Londoner *Sunday
Times* erhalten. Der Intellektuelle Christopher Hitchens
war die längste Zeit in beiden Ländern gleichermaßen

aktiv. Zum vielleicht bekanntesten «Englishman in New York» wurde der Musiker Sting; er wohnt inzwischen wieder überwiegend in London. Austausch ist auf den höchsten Ebenen üblich: Der amerikanische Schauspieler und Regisseur Kevin Spacey leitete lange Zeit das Londoner Traditionstheater Old Vic, umgekehrt führt der frühere BBC-Generaldirektor Mark Thompson seit 2012 die *New York Times*.

Weltweit dominiert der angloamerikanische Raum die Wissenschaft, das intellektuelle Leben, die Popkultur und zunehmend auch die Regeln des sozialen Umgangs. Britische und amerikanische Universitäten führen alle einschlägigen Rankings an, die meistzitierten Bücher kommen aus den beiden Ländern, und einsam an der Spitze stehen das Vereinigte Königreich und die Vereinigten Staaten, wo es musikalisch wird. 90 Prozent aller Plattenlabels, die seit 1950 internationale Hits produziert haben, firmieren oder firmierten in der kulturellen Doppelmonarchie, genauer: in den drei Städten New York, London und Los Angeles.[36] All das blieb nicht ohne Wirkung: Amerika dient den Briten als Referenzrahmen für Erfolg und Relevanz, nicht Europa.

Es ist vor allem die Wertschätzung des Entertainments, die Britannien mit Amerika verbindet und von Europa trennt. Unterhaltung gilt im angelsächsischen Raum als eine Tugend, die nicht an den Rand, sondern in die Mitte der Kultur gehört. Die besten eines Jahrgangs entscheiden sich nach dem Studium für eines der drei Ziele: Macht, Geld oder Applaus. Dabei ist es gleichermaßen angesehen, ob jemand in der Politik, in der Wirtschaft oder im Comedy-Geschäft landet, zumal sich die Bereiche oft gegenseitig durchdringen. Heinrich Heine beobachtete in seinen «Englischen Fragmenten», dass die Briten ihren «unbefangenen Witz» immer und überall einsetzen, gerade auch dort, wo ihn Europäer deplaziert finden. Er führte das am Beispiel der britischen Parlamentarier aus: «Wo das Leben von Tausenden und das Heil ganzer Länder auf dem Spiel steht, kommt doch keiner von ihnen auf den Einfall, ein deutsch-steifes Landständegesicht zu schneiden oder französisch-pathetisch zu deklamieren.» In Britannien wird auch gelacht, wo es weh tut. Das ist heute nicht anders als im 19. Jahrhundert.

Der eigenwillige Spieltrieb, der den Briten zu eigen ist, hat sie nicht nur die unterschiedlichsten Sportarten erfinden lassen, vom Fußball über das Tennis bis zum Skiabfahrtslauf und zum Kricket. Die Briten zelebrieren das Spiel in fast allen Lebensbereichen, nicht zuletzt im Alltag. Kate Fox erklärt das in ihrer Studie *Watching the English* als Reflex auf die Unfähigkeit zu genuiner zwischenmenschlicher Kommunikation. Der Grundzustand des Engländers, argumentiert sie, sei «social disease», eine Art Unwohlgefühl mit sich selbst und seinem Nächsten, weshalb er zahlreiche Techniken entwickelt habe, um diese Unfähigkeit auszugleichen und zu überwinden.[37] Humor gehört dazu, aber auch die Heuchelei, die sich etwa in falschen Komplimenten manifestiert, und nicht zuletzt der Alkoholkonsum, über den viele Kontinentaleuropäer staunen, wenn sie an einem beliebigen Nachmittag durch eine britische Stadt schlendern.

Was immer im Königreich verhandelt wird, ob in politischen Reden, in Büchern, im Kino oder im Theater – stets schwingt eine Leichtigkeit mit, die auf dem Kontinent oft als oberflächlich missverstanden wird. Ihre edelste Form ist der Spott über sich selbst, oft in Gestalt einer subtilen Herabwürdigung der eigenen Person. Ein typisches Beispiel für «self-mockery» oder «self-deprecation» gab der frühere Schatzkanzler George Osborne, als er eineinhalb Jahre nach seinem Rauswurf durch Theresa May in einem *Spectator*-Artikel berichtete, wie zwei Studenten ein Selfie mit ihm machen wollten. Sie erklärten ihm, dass sie noch am Morgen ein Essay über ihn geschrieben hätten, weshalb Osborne die beiden «mit leicht stolzgeschwellter Brust» fragte: «Ich nehme an, Sie studieren Volkswirtschaft?» – «Nein, Geschichte.»[38]

Auf den ersten Blick ist kaum erklärbar, dass in dieser hochentwickelten Kultur der öffentlichen Rede das Dogma der politischen Korrektheit Fuß fassen konnte. Das Begrenzende und Unfreie, das moralisch inspirierten Sprachregelungen zu eigen ist, passt nicht zum Land der «free speech». Kulturpolitiker beobachten mit Sorge, wie stark sich das moralisch regulierte Denken in den Universitäten verbreitet. «Safe Spaces», in denen Minderheiten vor kontroversen Argumenten geschützt werden, gehören auf dem britischen Campus inzwischen zum Standard. Redner, die linksliberalen Übereinkünften widersprechen und etwa das Recht auf

Schwangerschaftsabbruch, die Segnungen der multikulturellen Gesellschaft oder die Lehre von der «Gender Fluidity» in Frage stellen, werden oft nicht mehr eingeladen; «no-platforming» nennt man diese Form der Zensur. Selbst Shakespeare darf manchmal nur noch mit «Trigger Warnings» gelehrt werden, also mit Warnhinweisen für Szenen, die Seminarteilnehmer «traumatisieren» könnten.

Absurditäten wie der Verzicht auf Weihnachtskarten, die angeblich nichtchristliche Minderheiten beleidigen und deshalb von «Season's Greetings» ersetzt werden, haben sich in der Breite durchgesetzt. Das Bemühen, keine Minderheit zu verletzen, hat groteske Züge angenommen und im politischen Bereich die Grenzen zur Selbstzensur überschritten. Einen Tiefpunkt markierte die Weigerung der britischen Presse, während des dänischen «Karikaturenstreits» ihrer Chronistenpflicht Genüge zu tun und auch nur eine der von Muslimen kritisierten Zeichnungen nachzudrucken.

Der fast grenzenlose Respekt vor den Interessen und Empfindungen religiöser Minderheiten geht Hand in Hand mit einer widersprüchlichen Doppelmoral in Geschlechterfragen. Während die Grenzen für gleichgeschlechtliche Paare und Transgenders in Richtung unbeschränkter Toleranz verschoben werden, verengen sich die Spielräume zwischen Mann und Frau. Schon geringe Grenzübertretungen werden im Königreich skandalisiert und in den Rang sanktionsrelevanter Belästigungen erhoben. Nach dem Skandal um den Hollywood-Produzenten Harvey Weinstein war die öffentliche Stimmung so emotionalisiert, dass ein Minister zurücktreten musste, der das Knie einer Frau berührt hatte, und ein anderer, dem ein Altherrenspruch herausgerutscht war. Im Januar 2018 verursachte eine Wohltätigkeitsveranstaltung des Londoner «President's Club», zu der Hostessen in kurzen Röcken geladen waren, einen derartigen Aufruhr, dass die Premierministerin in einer Sondersitzung des Unterhauses Stellung beziehen musste und der «Men-only-Club» geschlossen wurde. Von derartiger Hysterie ist es nicht mehr weit zu illiberaler Spießigkeit. Verteidigungsminister Gavin Williamson sah sich im Frühjahr 2018 gezwungen, eine außereheliche Beziehung mit einer Arbeitskollegin vor 14 Jahren – «über Küsse ging es nicht hinaus» – zu rechtfertigen, während zur selben Zeit in der Manchester Art Gallery ein Gemälde von John William Waterhouse abgehängt wurde, weil es darstellt, wie Hylias, der Gespiele des Herakles, von verführerischen Nymphen in einen Teich gezogen wird.

Hypermoral begegnet man inzwischen auch auf der anderen Seite des Kanals, aber die Ursprünge und Kraftzentren der verordneten Korrektheit liegen in der angelsächsischen Welt. Zum einen sind die Gesellschaften Britanniens und Amerikas prüder als die europäischen. Bis heute staunen die Briten darüber, dass auf dem Festland Männer und Frauen gemeinsam in die Sauna gehen und dort auch noch nackt nebeneinandersitzen. Britische Zeitungen, die über ein Geschlechtsteil oder eine sexuelle Handlung schreiben, beginnen oft mit dem Anfangsbuchstaben und lassen dann verschämt Punkte folgen. «Die Auffassung, dass die Engländer sexuell gehemmt sind, ist, fürchte ich, ziemlich zutreffend», hielt Kate Fox trocken fest.[39] Das moralische Gebot, die Frau niemals als Objekt der Begierde zu betrachten, stößt auf der Insel auf geringere Widerstände als auf dem Festland. Mit anderen Worten: Das souveräne Spiel mit der Verführung ist vielleicht das einzige Spiel, das die Briten nicht beherrschen.

Auch der apologetische Multikulturalismus ist in der angelsächsischen Welt tiefer verwurzelt und blickt auf eine längere Geschichte zurück. Die Briten gewöhnten sich schon früh, während der Empire-Zeit, an fremde Gesichter, als die Sprösslinge der Eliten aus den Kolonialbesitzungen zur Ausbildung ins Königreich geholt wurden. Nach dem Ende des Weltreichs kamen dann Hunderttausende, die blieben. Früher und lauter als auf dem Kontinent verschafften sich diese ethnischen Minderheiten Einfluss und Gehör. Mit der Zeit entwickelten sie das Konzept der Identitätspolitik und nutzten es als wirkungsvolles Emanzipationsinstrument. Im Königreich kam ihnen zu Hilfe, dass sie auf das schlechte Gewissen der «weißen» Mehrheitsbevölkerung bauen konnten, das in der unaufgearbeiteten Kolonialzeit wurzelt.

Das Selbstverständnis, eine multikulturelle Gesellschaft geworden zu sein, ist schon lange Teil der britischen Identität. Als in Deutschland die Türken ihre ersten Dönerbuden aufmachten, saßen in Britannien Sikhs hinter Bankschaltern, trugen Pakistaner Polizeiuniform und operierten Inder in Krankenhäusern. Unterhausabgeordnete mit Commonwealth-Hintergrund sind den Briten so vertraut wie Lords mit Turban oder schwarze Priester. Der Vorsprung hat die Briten aber nicht nur früher an die «multikulturelle» Realität gewöhnt, sondern auch an ihre Abgründe. Kaum ein Land kennt derart abgeschottete Parallelgesellschaften, vor allem islamischer Provinienz. Aus ihnen kommen viele der Terroristen, die in den vergangenen Jahren Anschläge im Königreich verübt haben. Die Sicherheitsapparate tun einiges, sie unter Kontrolle zu halten, und haben allein seit der Anschlagsserie von 2017 mehr als zwölf Terrorakte vereitelt. Aber die Reaktion der Gesellschaft ist von einer Haltung gekennzeichnet, die kritische Briten «complacency» nennen, eine Art selbstgefällige Nachlässigkeit. Zur Hymne des Terrorjahres 2017 wurde der Oasis-Hit *Don't look back in anger* – blick nicht im Zorn zurück. Die Bereitschaft, Probleme mit islamischen Einwanderern zu verdrängen, wenn nicht zu beschönigen, lässt sich auch in den Städten besichtigen, in denen pakistanische Zuhältergangs ihr Unwesen treiben. Im nordenglischen Rotherham wurden über viele Jahre mehr als 1300 minderjährige Engländerinnen sexuell missbraucht, ohne dass die Behörden eingriffen. Offizielle Untersuchungen ergaben später, dass Stadträte, Sozialarbeiter und Polizisten die Verbrechen vertuschten, um nicht als «rassistisch» bezeichnet zu werden.[40]

Die Briten haben sich ein sonderbares Soziotop geschaffen, mit einer raumschiffhaften Hauptstadt im Zentrum, die an Internationalität alle europäischen Metropolen in den Schatten stellt und in der nur noch eine Minderheit das Englische als Muttersprache beherrscht. Jenseits von London stoßen amerikanische Einflüsse, europäische Wurzeln und muslimisch-asiatischer Kulturimport immer wieder auf patriotischen Trotz. Über alldem wacht das britische Königshaus, das der sich halb sortierenden, halb auseinanderstrebenden Gesellschaft ein Gefühl der Kontinuität vermittelt und sich ihr zugleich anverwandelt. Mit Meghan Markle ist im Mai 2018 die erste «Nichtweiße» Teil der Firma Windsor geworden, womit nun auch die Royals reflektieren, wie die britische Gesellschaft zur Mitte des Jahrhunderts aussehen wird, wenn die alten Einheimischen in die Minderheit geraten sein werden. Offenheit, Umbruch und Tradition sind im Königreich einzigartig miteinander verschränkt. Mal fühlen sich die Briten an der Schnittstelle der Menschheit, mal von niemandem mehr verstanden. In all ihrer Weltläufigkeit und Exzeptionalität sind sie ein einsames Volk.

III. DIE FLUCHT DER BRITEN AUS DER EUROPÄISCHEN UTOPIE

INMITTEN DER Brexit-Verhandlungen liefen zwei His-
torienfilme in den britischen Kinos, die man kaum anders als allegorisch sehen konnte. In *Darkest Hour* trat
ein Winston Churchill auf, der im Mai 1940 allen Rat-
schlägen zum Trotz, schwankend, aber schließlich entschieden, seinem Kriegskabinett trotzte und das Königreich auf einen gewagten, bekanntermaßen siegreichen
Kurs führte. Der (Brexit-affine) Publizist Charles Moore
entdeckte in dem Film «die Botschaft, dass es manchmal
für Britannien sowohl möglich als auch nötig ist, den
einen Weg zu gehen, wenn Europa den anderen geht».[41]
Der zweite Film – *The Mercy* – widmete sich dem Abenteuer des britischen Hobbyseglers Donald Crowhurst,
der sich 1968 mit einem untauglichen Boot auf einen
Segeltrip um die Welt machte und tragisch scheiterte.
Hier war es der Regisseur selber, der sein Werk als Beitrag
zum Brexit empfahl: «Ich sah die Metapher, dass hier ein
Wagnis von jemandem eingegangen wurde, der sicher
auf dem trockenen Land sitzt, wo er alles zu verlieren
hat, nur um sich von all dieser Sicherheit loszusagen,
ohne vernünftige Finanzierung oder Vorbereitung.»[42]

Churchill oder Crowhurst, welchen Weg haben die Briten eingeschlagen? Der Schritt in den Brexit ist am Ende vielleicht doch ein bisschen zu unbedeutend, um ihn in den Kategorien von Triumph und Untergang zu messen; ihm fehlt die existenzielle Dimension. 46 Jahre Mitgliedschaft in der EU sind eine lange Zeit, aber im Blick auf die mehr als tausendjährige Nationalgeschichte auch wieder eine Episode. Britannien will sich ja nicht radikal verändern, sondern bleiben, wie es ist, und vielleicht wieder ein bisschen mehr werden, wie es einmal war. Es fühlt sich weiterhin den Werten der europäischen Demokratien verbunden, sucht die Zusammenarbeit auf möglichst vielen Gebieten und sieht sich als europäische Macht. Der Brexit ist weniger ein Abbruch der Beziehungen mit Europa als ein Aufbruch zu neuen, loseren Formen der Partnerschaft. Die Briten wollen den Kontinent nicht mehr ins Zentrum ihrer Politik stellen, sondern lieber als Freund an der Seite haben, wenn sie sich (wieder) verstärkt den Regionen in Asien und Afrika zuwenden.

Ob dieser Aufbruch gelingt und ob dafür ein Preis zu entrichten ist, kann erst in einigen Jahren beurteilt werden. Im glücklichen Fall wird die Wirtschaft im Königreich halbwegs ungeschoren davonkommen, und die Briten werden ein bisschen fröhlicher mit sich sein. Im unglücklichen Fall verringert sich der Wohlstand, das politische Gewicht lässt nach, und die Spaltung in der Gesellschaft vertieft sich. Nicht auszuschließen, vielleicht sogar die wahrscheinlichste Variante, ist eine Melange, ein Nebeneinander von Vor- und Nachteilen, weshalb in einigen Jahren Ausstiegsfreunde wie -gegner gleichermaßen fragen könnten: War es die ganze Aufregung wert?

Schwer bestreiten lässt sich, dass die politischen und rechtlichen Anstrengungen, die mit der Entflechtung von der Europäischen Union verbunden sind, das Land schon heute belasten. Seit dem Juni 2016 ist das Königreich ein «single-issue country»; der Brexit ist *das* beherrschende Thema. Es fehlen Energien, um andere, wichtigere Aufgaben anzupacken. Natürlich kann, was liegengeblieben ist, nachgeholt werden, aber es wird wertvolle Zeit verschenkt. Ob dies das Land dauerhaft zurückwirft, ist schwer zu sagen. Es wird jedenfalls Zeit vergehen, bis neue Handelsverträge Wirkung zeigen, und es ist keineswegs ausgemacht, dass sie die Einbußen, die im Austausch mit dem Festland zu erwarten sind, wettmachen können. Das Königreich wird entdecken, dass sich die alten Verbindungen zum Commonwealth nicht einfach wieder anknipsen lassen; in vielen Ländern Asiens und Afrikas dominieren inzwischen chinesische Unternehmen die Wirtschaft. Die «emerging markets» warten nicht auf die Briten, aber sie werden sich ihnen auch nicht verschließen.

Der ganze Streit um die Handelspolitik wirkt ein wenig hysterisch – auf beiden Seiten des Kanals. Weder wurden die Briten durch ihre EU-Mitgliedschaft von größeren Exportleistungen ferngehalten noch ist ausgemacht, dass sie als eigenständige, mit Europa weiterhin verbundene Handelsnation scheitern müssen. Die Schweiz mag hierfür als Beispiel stehen, auch die britische Vergangenheit. Jenen, die mit vermeintlichen Zwangsläufigkeiten argumentieren und selbstbewusste Voraussagen treffen, stünde mehr Demut gut zu Gesicht. Die Volkswirtschaftslehre ist eine faszinierende, aber auch unzuverlässige Wissenschaft. Wagt sie Prognosen, ist die Chance eines Treffers ähnlich hoch wie die eines Irrtums. Mustergültig studieren ließ sich das, als Südostasien am Ende der neunziger Jahre in einer Finanzkrise versank. Damals strömten die Ökonomen des Internationalen Währungsfonds und der Weltbank in die Region und verordneten den Ländern «Strukturanpassungsprogramme». Nur sie, hieß es in den Fachkreisen, würden auf den Weg der Genesung führen. Alle hielten sich daran, bis auf Malaysia, dem deshalb eine düstere Zukunft beschieden wurde. Aber schon wenige Jahre später zeigte sich, dass Malaysia mit seinem Alternativkurs ebenso schnell aus der Krise herausgekommen war wie Indonesien, Thailand und Südkorea.

Die außenpolitischen Folgen des Brexit sind ebenfalls schwer abzuschätzen. Warnungen aus den Vereinigten Staaten, das Königreich werde außerhalb der EU an weltpolitischer Bedeutung verlieren, stammen aus der Zeit vor Donald Trump, aus einer Regierung also, die supranationale Zusammenschlüsse wie die EU begrüßte und Einfluss auf das Referendum nehmen wollte. Trump, der aus seinen Sympathien für den Brexit kein Geheimnis macht, könnte Interesse haben, das britische «Beispiel» zu unterstützen. Verlassen sollten sich die Briten darauf allerdings nicht; zu sprunghaft wirkt der amerikanische Präsident. Bislang formen sich die Beziehungen zwischen Trump und May noch zu keinem Bild. May ist ein unsicherer, tastender Charakter und deshalb nicht Trumps «Typ». Das kann sich unter Nachfolgern ändern.

Sicher wird London als Ansprechpartner ausfallen, wo es um politische Geschäfte mit der EU geht – nicht nur für Amerika, auch für China und selbst für alte Bekannte wie Indien. Das bekommt das Königreich schon heute zu spüren. Andererseits bleibt es ständiges Mitglied im Weltsicherheitsrat der Vereinten Nationen und die einzige von zwei europäischen Atommächten. Dies, in Verbindung mit seiner Erfahrung und Beweglichkeit in militärischen Angelegenheiten, wird es als (sicherheits)politischen Partner und Verbündeten nicht irrelevant machen. Zuletzt zeigte sich das in Syrien, als London im April 2018 auf den Giftgaseinsatz in Douma an der Seite von Washington und Paris mit Luftschlägen reagierte, während der Rest Europas, darunter die «Führungsmacht Deutschland», freundlich applaudierend am Rand stand. Kulturell wird Britannien den Vereinigten Staaten verbunden bleiben, weshalb es als europaerfahrenes Land mit etwas Geschick in eine transatlantische Vermittlerrolle finden kann. Bisher sieht es allerdings eher so aus, als suche Britannien trotz – oder auch wegen – der Scheidungsphase mit der EU mehr Nähe zum Kontinent als zu Trumps Amerika. In der Auseinandersetzung um den Pariser Klimaschutzvertrag, im Streit um das Nuklearabkommen mit dem Iran und auch im «Handelskrieg», zögerte die Regierung in London keine Minute und stellte sich gegen die Vereinigten Staaten und an die Seite der Europäer.

Ob die Abnabelung von Brüssel im Rückblick eines Tages als töricht oder vorausschauend beurteilt werden wird, hängt nicht zuletzt von der Entwicklung der Europäischen Union ab. Dabei gelten keine simplen Gleichungen: Eine prosperierende, neuen Schwung entfaltende EU muss dem «unabhängigen» Britannien keineswegs schaden; im Gegenteil: Ein starker Nachbar kann stärken. Andersherum wird eine Vertiefung der europäischen Krise dem Königreich nicht unbedingt nutzen; auch hier gilt das Gegenteil: Ein schwacher Nachbar kann schwächen. Und doch dürften die künftigen Entwicklungen auf beiden Seiten des Ärmelkanals eine psychologische Wirkung entfalten. Eine erfolgreiche EU wird viele Briten fragen lassen, warum sie die Union eigentlich verlassen haben, und umgekehrt könnte ein erfolgreiches Königreich einige Mitgliedstaaten auf den Gedanken bringen, dem britischen Weg zu folgen.

Für die Europäische Union steht dabei mehr auf dem Spiel als für das Vereinigte Königreich. Sie ist das jüngere und fragilere Gebilde. Integrationisten bestreiten das vehement, schon weil sie überzeugt sind, dass die EU den Nationalstaaten überlegen ist und sich auf einer gleichsam höheren Zivilisationsstufe durchsetzen wird. Praktische Fragen an die Zukunftstauglichkeit der Europäischen Union werden von ihnen in der Regel normativ beantwortet. Die EU *muss* zum Erfolg werden, heißt es dann, weil es dazu «keine Alternative» gebe. Das klingt markig, übersieht aber das Wesen der Dinge. Die politische Welt kennt sehr wohl Alternativen, und sie richtet sich schon gar nicht nach Appellen. Die Geschichte steckt voll von Allianzen, die wieder zerfielen, von Visionen, die nicht aufgingen, von Gewissheiten, die nur ein paar Generationen lang trugen. Die Briten betrachten die Europäische Union in ebendiesem – relativistischen – Rahmen und beurteilen sie so nüchtern wie der Rest der Welt: als politisches Experiment, das sich bewähren muss.

Wie geht es also der EU? Erstaunlicherweise wirkt sie vom Brexit eher gestärkt. Nach dem Referendum präsentierte sie sich in ungewohnter Geschlossenheit, fand rasch zu einer gemeinsamen Linie, entwickelte Zeitpläne für den Ausstieg und übernahm die Initiative in den Verhandlungen. Kein Mitglied scherte aus. Barniers Verhandlungsführung wurde auch in ihren schwächeren Momenten mitgetragen. Doch die zur Schau gestellte Einigkeit kann ihren Antrieb nicht verbergen: Angst. Die EU rückt zusammen, so wie Pferde zusammenrücken, die sich vor einem Gewitter schützen. Die Nachdenklicheren in Brüssel und den europäischen Hauptstädten haben begriffen, dass das Votum der Briten ein Misstrauensbeweis war, der einer Bedrohung gleichkommt. Sie zielt nicht auf physische Ziele, sondern auf die Idee der Union. Hätte sich ein Mitglied losgesagt, das die Grundwerte Europas nicht mehr teilt, wäre das für die EU verkraftbar gewesen; was nicht mehr zusammengehört, darf auseinanderfallen. Aber die Briten wollen im Grundsatz dasselbe wie die Europäische Union: Demokratie, Rechtsstaat, Wohlstand, Frieden. Sie glauben nur, dies besser auf eigenem Wege erreichen zu können – und das trifft die EU in ihrem Kern. Denn die unbequeme Doppelfrage, die der Brexit aufgeworfen hat, ist diese: Zeigt die Europäische Union mit ihrer Integrationslogik wirklich den einzigen Weg zu Freiheit, Wohlstand und Frieden in Europa? Und falls nicht, stehen dann Vor- und Nachteile einer «immer engeren Union» noch in einem angemessenen Verhältnis zueinander?

*

Die EU treffen diese Grundsatzfragen zu einem Zeitpunkt, in dem sie in einer multiplen Krise steckt, und dieser soll zunächst die Aufmerksamkeit gehören. Die Krise wurzelt in Ursachen, die sich zum Teil überlagern und gegenseitig befördern. Auf einer grundlegenden Ebene ächzt die Europäische Union unter den Verschiebungen der globalen Machtverhältnisse, die ihre Bedeutung vermindern und diffuse Verunsicherung schaffen. Die EU sieht sich zudem der Wiederkehr traditioneller Machtpolitik gegenüber, die sie verachtet und auf die sie nicht vorbereitet ist. Überdies leidet sie unter einem strategischen Vakuum, an politischem Egozentrismus – und nicht zuletzt an moralischer Überheblichkeit, die sie blind für viele Bedürfnisse ihrer Bürger gemacht hat. Zusammenfassend kann man sagen, dass die Europäische Union von einer Bedeutungskrise in eine Wertekrise geraten ist und von dort in eine Vertrauenskrise rutschte.

Umfragen sind dafür kein verlässlicher Gradmesser. Je nach Fragestellung und Auftraggeber lassen sich hohe und niedrige Zustimmungsquoten ermitteln. Laut des «Eurobarometers» der EU-Kommission sehen 67 Prozent der Europäer die EU als eine Kraft des Guten in ihrem Land. In anderen Umfragen liegt der Anteil derer, die mit der EU eher Vorteile verbinden, bei unter vierzig Prozent. Aussagekräftiger sind die Wahlergebnisse der vergangenen Jahre: Nahezu überall legten EU-kritische Parteien zu. Es ist diese Furcht vor dem Urteil der Bürger, die die EU in eine Lähmung geführt hat: Sie kommt nicht mehr voran, weil weitere Schritte in eine «immer engere Union» von Referenden begraben würden. Sie traut sich aber auch nicht zurück, weil sie befürchtet, dass «weniger Europa» den Euro und das Projekt als Ganzes gefährden könnte.

In gewisser Weise ergeht es der Europäischen Union nicht besser als den einzelnen Nationalstaaten; die Briten eingeschlossen. Die Ratlosigkeit, die allerorten empfunden wird, ist Ausfluss der großen Umbrüche unserer Zeit: der wirtschaftliche und politische (Wieder-) Aufstieg Asiens, insbesondere Chinas, die wachsenden Zweifel am westlichen Demokratiemodell und am Liberalismus insgesamt, der Abschied vom analogen Zeitalter und der Eintritt in die Ära der Datenökonomie und der künstlichen Intelligenz, um nur die wichtigsten zu nennen. Es sind diese globalen Umwälzungen in Politik und Technologie, die unsere Gegenwart begleiten und die kommenden Jahrzehnte prägen werden. Der Kontinent ist, anders als in den 250 Jahren bis zum Ende des Kalten Krieges, keine Kraft mehr, die diese Entwicklungen maßgeblich gestaltet. Er hat sich – aus guten Gründen, wie manche sagen würden – dem großen Spiel entzogen. Die Folgen dieses Macht- und Gestaltungsverlusts sind erst in Ansätzen erkennbar, aber unter der Oberfläche schwächen sie schon heute das Selbstbewusstsein der Europäer und auch ihrer Institutionen.

Natürlich kann man, wie der Politikwissenschaftler Andrew Moravcsik, noch einmal die Panzer und Soldaten aller Mitgliedstaaten zusammenzählen und die EU zu einer «Supermacht» erklären, die Amerika kaum nachsteht und China deutlich in den Schatten stellt. Aber das heißt, intellektuelle Provokationslust vor weltpolitische Trends zu stellen, und erinnert ein bisschen an die Haltung glühender Transatlantiker, die noch zur Millenniumswende versicherten, dass China schon seines Systems wegen niemals zu den Vereinigten Staaten werde aufschließen können. Den Beteuerungen aus Brüssel zum Trotz muss festgestellt werden, dass die EU heute auf der weltpolitischen Bühne keine nennenswerte Rolle mehr spielt. Chinas Expansionsdrang im Südchinesischen Meer (und darüber hinaus), die nuklear aufgeladenen, noch lange nicht beendeten Spannungen zwischen den beiden Koreas, die indisch-pakistanische Rivalität im Süden Asiens – all dies könnte unsere fernen, aber längst überlebensnotwendigen Märkte über Nacht unzugänglich machen und sogar in Schlachtfelder verwandeln, ohne dass die EU auch nur den geringsten Einfluss darauf hätte. Die Vereinigten Staaten, die bislang auch europäische Interessen im Pazifik und im Süden Asiens verteidigt haben, sind kein verlässlicher Schutzpatron mehr; wir können und sollten uns auf sie nicht mehr verlassen. Auch die arabische Welt, die gleich an der Süd- und Ostgrenze Europas beginnt, überlässt die EU inzwischen weitgehend sich selber. Den missglückten Interventionen in Afghanistan, im Irak und in Libyen folgte der strategische Offenbarungseid in Syrien; damit ist der Anspruch, wenigstens die Nachbarschaft unter Kontrolle zu halten, dahin. Das gilt erst recht für Russland, das seine Interessensphäre ausdehnen und seine Zersetzungspolitik stärken wird, solange es aus Europa nicht mehr als mittelschwere Sanktionen und die Ausweisung von Diplomaten zu fürchten hat.

In die Defensive geraten ist Europa aber auch dort, wo die ökonomischen Machtverhältnisse der Zukunft neu austariert werden. Auf vielen Gebieten zeigt die europäische, insbesondere die deutsche Wirtschaft noch immer Weltklasse, aber es muss beunruhigen, dass von den fünf größten Dax-Unternehmen vier im 19. Jahrhundert gegründet wurden; das «jüngste», die Volkswagen AG, geht auf das Jahr 1937 zurück. Im modernen digitalen Alltag ist Europa kaum präsent. Seit Jahren hinken seine Hightech-Konzerne denen Amerikas und Asiens hinterher. Die EU, die nach wie vor über einen attraktiven Markt verfügt, kann Daten-Giganten wie Microsoft oder Google Stöckchen in die

Speichen stecken, aber sie hat keine Unternehmen, die in einen ernsthaften Wettbewerb treten können. Auf den wichtigsten Feldern «harter» Rivalitäten ist die EU vom Akteur zum Rezipienten geworden. Statt, wie früher, die Welt nach eigenen Vorstellungen zu formen, muss sich Europa damit begnügen, stattfindende Veränderungen so abzufedern, dass sie zu Hause nicht allzu viel Schaden anrichten.

Man darf darüber streiten, ob dies unvermeidlich war, und vielleicht sogar darüber, ob das zu beklagen ist. Im Wettkampf der Zukunftstechnologien zurückzufallen, war unnötig; es fehlte schlicht an visionärer Unternehmenskultur, an gesellschaftlichem Fortschrittsoptimismus und auch an Regierungsunterstützung. Die politische Machtverschiebung hingegen ließ sich nicht verhindern. Dass die Globalisierung die bevölkerungsreichsten Nationen aus der Armut hinaus und in eine Position der Stärke hineinführen würde, war zwangsläufig und nur eine Frage der Zeit. Bald wird allein China dreimal mehr Einwohner haben als die EU. Seine (bildungsaffine und konsumfreudige) Mittelschicht ist schon heute so groß wie die europäische. Sie wird dafür sorgen, dass die Welt «chinesischer» wird. Die Phase, in der Europa gute zwei Jahrhunderte lang die Welt dominieren konnte, muss im Rückblick als ein mittellanger Ausnahmezustand betrachtet werden.

Berechtigt erscheint die Frage, ob sich Europa derart bereitwillig zurück ins Glied hätte stoßen lassen müssen. Es fehlt nahezu an jeglicher Gegenwehr, und das hat mit einem europäischen Paradox zu tun: Unser politischer Machtverlust wurzelt auch in eigener Hybris. Die Lehren, die die Europäer, insbesondere die Deutschen, aus dem Zweiten Weltkrieg gezogen haben, erschienen ihnen so zwingend, dass sie sie gleichsam als Vowegnahme einer weltweiten Entwicklung überhöhten. Lange Zeit begriff man sich als politische Vorhut und war überzeugt, dass sich die Umkehr der klassischen Prioritäten auch im globalen Maßstab durchsetzen werde: dass also Werte, nicht Interessen den Angelpunkt des internationalen Verkehrs bilden und dass dem multilateralen Verhandeln, nicht der nationalen Machtpolitik die Zukunft gehört.

Dank der Vereinigten Staaten, die den europäischen Idealismus in Sonntagsreden mittrugen und im politischen Alltag beherzt verletzten, funktionierte das Modell erstaunlich lange. Bis über die Millenniumsschwelle hinaus war der Verlust an Einfluss in Europa kaum zu spüren. Der Zusammenbruch des kommunistischen Ostblocks und die anschließende Verbreitung der westlichen Prinzipien evozierten sogar Triumphgefühle. Mark Leonards schwärmerisches Buch *Why Europe Will Run the 21st Century* erschien im Jahr 2005. Danach trat dann in immer schnelleren Schüben zum Vorschein, was unter der Oberfläche gegärt hatte. Autokratische Staaten wie Russland, die Türkei und der Iran hatten sich als einflussreiche Spieler (wieder)erfunden. Der Erfolg des autoritären chinesischen Modells hatte die scheinbar sakrosankte Überlegenheit der liberalen Demokratie perforiert. Die aggressive Politisierung des Islam und dessen Exodus in Richtung Europa hatte

Samuel Huntingtons (oft als dystopisch verworfene) Voraussage eines globalen Kulturkonflikts bestätigt.

Teils verstärkte, teils reflektierte dieser Wandel die Schwächen des westlichen Modells. Die Metamorphose Europas und Amerikas vom interessegeleiteten Hegemon zum scheinbar altruistischen Werte-Imperium musste schon an ihrer Anmaßung scheitern. Zu krass wurden die Widersprüche zwischen Anspruch und Wirklichkeit. In den feierlichen Erklärungen waren die «westlichen Werte» universeller Natur, aber jenseits des Westens sahen alle, dass sie von Europa und Amerika definiert wurden. Das autoritäre China, das mehr Bürger aus bitterer Armut befreit hat als jedes andere Land der Welt, musste sich über Menschenrechte belehren lassen, während das demokratische Indien, das bis heute Hunderte Millionen unter menschenunwürdigen Bedingungen dahinvegetieren lässt, als Beispiel gepriesen wurde. Die Vereinten Nationen taugten als Autorität, wo sie gewünschte Interventionen billigten, aber sie wurden ignoriert, wo sie Genehmigungen vorenthielten oder Kritik am Westen äußerten. Internationale Vereinbarungen wie der Kernwaffensperrvertrag wurden hochgehalten, wo es gegen Nordkorea oder den Iran ging, und gebogen, als man Indien in den offiziellen Kreis der «erlaubten Nuklearmächte» aufnehmen wollte. Der traurige Tiefpunkt westlicher Doppelmoral war aber zweifellos in den amerikanischen Folterkellern von Abu Ghraib zu bestaunen.

Die Schulmeisterlichkeit, mit der die Amerikaner und mehr noch die Europäer nach außen hin auftraten, kontrastierte sichtbar mit inneren Zerfallsprozessen und der «Degeneration westlicher Politik».[43] Der moderne Kapitalismus, der der Wall Street und der Londoner City immer größeren Raum ließ, schuf ein hasadeurhaftes System, dessen nächste Krise unausweichlich scheint. Der Liberalismus überspannte seine wertvolle Befreiungsmission und förderte gesellschaftliche Vereinzelung. Die massive Zuwanderung aus der islamischen Welt vertiefte kulturelle Gräben und erhöhte die Spannungen in den Städten. Die Digitalisierung infantilisierte die gesellschaftliche Kommunikation und ließ Grundlagen der Meinungsbildung und Kontrolle erodieren. So wuchsen politische Fliehkräfte, die sich nicht zuletzt in den neuen «populistischen» Bewegungen ausdrücken. Europa und Amerika sind, um noch einmal Zielonka zu zitieren, zu Schauplätzen einer «Gegenrevolution» geworden, die nun den Konsens in Frage stellt, der sich spätestens nach 1989 herausgebildet hatte: die Überlegenheit der liberalen Demokratie und des neoliberalen Wirtschaftens, den Nutzen multikultureller Gesellschaften und den aufklärerischen Zauber politischer Korrektheit.

Die oft selbstgefällige und machtvergessene EU, die nach außen auf friedlichen Ausgleich gerichtet ist und nach innen auf institutionelle Reform, wirkt für diese Herausforderungen schlecht gewappnet – weder für die archaischen, faustrechtlichen Kräfte, die jenseits ihrer Grenzen auf sie eindringen, noch für die integrationsskeptischen, teils illiberalen Kräfte, die innerhalb der Grenzen an ihr zerren. Den einen begegnet die Europäische Union mit Ratlosigkeit und Kopf-in-den-Sand-Stecken, den anderen mit Hochmut und Widerstand.

Der kurzlebige deutsche Außenminister Sigmar Gabriel fand, als er schon nichts mehr zu verlieren hatte, die treffenden Worte, dass es «Europa als einziger Vegetarier in der Welt der Fleischfresser verdammt schwer hat»[44]. Wie schwach die europäischen Selbsterhaltungskräfte sind, zeigt die verbreitete Verleugnung von Sicherheitsrisiken. Politiker, die mehr Geld für Rüstung und Verteidigung fordern, gelten in den meisten Staaten Europas als ähnlich vorgestrig wie gläubige Christen, die sich gegen Abtreibung oder gleichgeschlechtliche Ehen aussprechen. Nicht einmal als Donald Trump zu Beginn seiner Amtszeit den Beistand Amerikas im Kriegsfalle in Frage stellte und damit die Grundlage der europäischen Sicherheit, setzte eine nennenswerte Debatte ein. Naheliegende Vorstöße wie der, über eine europäische Aufrüstung nachzudenken, vielleicht sogar über eine atomare Bewaffnung Deutschlands, wurden verspottet. Angela Merkel spielt gelegentlich mit dem Gedanken, Europa eigene sicherheitspolitische Wege gehen zu lassen, aber substanzielle Initiativen sind ausgeblieben. Die vorsichtige Erhöhung des Verteidigungsbudgets kann nicht über Deutschlands freche Weigerung hinwegtäuschen, dem Ziel der Nato nachzukommen und minstestens zwei Prozent des Bruttoinlandsprodukts für die Verteidigung auszugeben. Daran scheint auch nichts zu ändern, dass Putins Russland europäische Landesgrenzen verschiebt, Cyberangriffe gegen westliche Regierungen lanciert und auf europäischem Boden chemische oder nukleare Kampfstoffe zur Beseitigung ehemaliger Spione einsetzt. Die Beruhigungsfloskeln in der Sicherheitspolitik ähneln dabei denen der Wirtschafts- und Technologiedebatte: Warum sollte man sich Sorgen über die aggressiven Digitalkonzerne in Amerika und China machen, wo doch die Autoindustrie in Wolfsburg und Sindelfingen so prächtig floriert?

All dies gilt es zu bedenken, wenn das Argument vorgebracht wird, dass Europa nur gemeinsam eine Rolle in der Welt von morgen spielen könne – und jedes Land, das ausschert, seine Zukunft aufs Spiel setze. Natürlich kann die EU als Entität mehr erreichen als jedes Land für sich, in der Theorie. In der Praxis ist jedoch nicht erkennbar, dass sich Europa strategischen Aufgaben überhaupt stellen will. In den Jahrzehnten, in denen der Kontinent von Staatsmännern geführt wurde, die den Krieg erlebt hatten, schien die Ausrichtung klar. Die europäische Einigung war vor allem das politische Begleitprojekt zum Atlantischen Verteidigungspakt. Lord Ismays berühmtes Diktum, nach dem die Nato die Amerikaner drinnen, die Russen draußen und die Deutschen unten halten will, wurde zumindest in den letzten beiden Zielen von den Vorgängerorganisationen der EU geteilt. Seit dem Ende des Kalten Krieges ringt aber nicht nur die Nato, sondern auch die «europäische Idee» um ihre Identität. Die widersprüchliche Konzentration auf die Erweiterung und die Vertiefung der Union konnte dem Projekt keinen Halt geben. Im Gegenteil, sie verstärkte die Sinnkrise. Schon auf dem

EU-Gipfel in Nizza im Dezember 2000, als man sich mühsam über die neue Stimmengewichtung in der bald erweiterten Union einigte, stand den EU-Führern Hilflosigkeit und Verzweiflung ins Gesicht geschrieben. Mit demnächst mehr als dreißig Mitgliedsnationen (nach dem Beitritt des «westlichen Balkans») droht koordiniertes europäisches Vorgehen endgültig zu einem Dauerakt politischer Akrobatik zu werden.

Der erste offenkundige Ausdruck der Lähmung war das französische «Non» zur europäischen Verfassung im Jahr 2005. Seither gleicht die Europäische Union einem Verein von Krisenverwaltern. Groß angekündigte Initiativen wie die «Lissabon-Strategie», die die EU zum «wettbewerbsfähigsten Wirtschaftsraum der Welt» machen wollte, verliefen im Sande. Inspirierende Aktivitäten blieben aus, es sei denn, man wollte Wohltaten für die Bürger dazuzählen wie den Abbau von Roaminggebühren oder die kostenlose Vergabe von Interrailtickets. Stattdessen kam nach der systemischen Finanzkrise von 2008, die man Europa nicht (allein) zur Last legen kann, die griechische Verschuldungskrise, die dann nahtlos in die Migrationskrise überging. Alle harren bis heute einer befriedigenden Lösung.

Auch der Anlauf zu einer gemeinsamen Außenpolitik geriet früh ins Stocken. In den meisten Fragen der Sicherheitspolitik gingen und gehen die Einschätzungen und Interessen auseinander. Sowohl im Irakkrieg als auch bei der Intervention in Libyen zeigten sich Risse in der EU. Im Umgang mit Russland konnte man sich auf gemeinsame Sanktionen verständigen, aber schon bei der Ausweisung von Diplomaten handelten die einen so, die anderen so. Es gab auch Erfolge, wie das Zustandekommen des iranischen Atomabkommens, aber dafür zeichneten hauptsächlich die großen europäischen Hauptstädte verantwortlich. Wo die EU als Union aktiv wurde, ließ sich ein befremdender Mangel an Weitsicht bestaunen. Der «Arabische Frühling» wurde mit moralischer Emphase begrüßt, ohne die Folgen zu bedenken; demokratische Oppositionsgruppen, die zwangsläufig unter Druck der autoritären Regime gerieten, wurden, wenn überhaupt, halbherzig unterstützt. Das Muster wiederholte sich in der Ukraine, der ein Assoziierungsabkommen angeboten wurde, ohne die Bereitschaft, geschweige Fähigkeit mitzubringen, die absehbaren Reaktionen Russlands zu konterkarieren; weder die Sanktionen noch der Minsker Friedensvertrag von 2015 werden der Ukraine die Krim zurückbringen. Über die europäische Außenpolitik wird mittlerweile schon an den Universitäten gelacht. Studenten der Internationalen Beziehungen lernen dort als Faustregel: «Die Franzosen entscheiden, die Briten sagen nein, und die Deutschen bezahlen.»

Die Unmöglichkeit, eine gemeinsame Außenpolitik zu entwickeln, schadet den Interessen Europas, aber sie bedroht die EU nicht. Es ist die Unfähigkeit, die gemeinsame Währung auf ein tragfähiges Fundament zu stellen, die den Keim zur Implosion in sich trägt. Nur wenige Ökonomen widersprechen dem Befund, dass der Euro zu früh und mit den falschen Partnern aus der Taufe gehoben wurde. Der heutige Herausgeber der *Financial Times*, Martin Wolf, sagte dem neuen Währungsverbund schon 1991 «riesige Friktionen» voraus – und den «Verlauf einer griechischen Tragödie: Hybris, Verblendung, Untergang». Die Hoffnung, den Euro gewissermaßen im Nachgang wetterfest machen zu können, hat sich nicht erfüllt. Der «Stabilitätspakt» wurde von Anfang an gebrochen, nicht zuletzt von den angeblichen Mustereuropäern aus Deutschland. Versuche, die Fiskal- und Bankenunion voranzutreiben, scheitern an den unterschiedlichen ordnungspolitischen Vorstellungen der Euro-Länder, aber auch an der Angst der Mitgliedstaaten. Viele müssen eine weitere Vertragsveränderung den Bürgern vorlegen, die nur auf die nächste Gelegenheit warten, «Nein!» zu rufen. Außerhalb Brüssels glaubt kaum noch jemand daran, dass der Euro eine weitere Finanzkrise überstehen würde; es fehlt schlicht an den Kapazitäten einer gemeinsamen Gegenreaktion.

Man kann sich die Theorien zum Zusammenbruch der EU mittlerweile aussuchen. Ian Kearns sieht in seinem Buch *Collapse. Europe after the European Union* das Ende der Union mit der nächsten Finanzkrise kommen. Ivan Krastev prognostiziert in seiner *Europadämmerung*, dass die Europäische Union an der Migrationskrise zerschellen wird. Der eine sieht die Bruchlinie zwischen dem Norden und dem Süden Europas, der andere zwischen dem Osten und dem Westen. Krastev, der Bulgare, erinnert auch daran, dass kurz vor dem Zusammenbruch des Habsburgerreichs (und später des Ostblocks) die Lage stabil wirkte – vor allem aus Sicht der regierenden Eliten. Wenn «von Menschen geschaffene politische oder kulturelle Artefakte» verschwänden, schreibt er, dann täten sie dies «abrupt».[45]

✳

«Überzeugte Europäer» tun derlei Analysen als Schwarzmalerei ab, und oft stimmt es ja auch, dass Totgesagte länger leben. Aber die Gegenargumente wirken eher sympathisch als realitätsnah. Noch die tristeste Bilanz ist für Integrationisten kein Beleg gegen ein «starkes Europa». Sie sehen die Misserfolge – wenn sie sie sehen wollen – eher als verspätete Anfangswehen eines immer noch relativ jungen Projekts, gewissermaßen als Ansporn, die Dinge in Zukunft besser zu machen. Zugleich stellen sie den Unzulänglichkeiten bei der Bewältigung äußerer und innerer Krisen die historischen Leistungen der europäischen Einigung gegenüber: den funktionstüchtigen Binnenmarkt mit seinem freien Austausch von Gütern, Dienstleistungen und Personen über die Grenzen hinweg, die gemeinsame Handelspolitik, die die EU-Staaten zu einem gobalen Machtfaktor auf diesem Gebiet gemacht hat, die langsame Angleichung der europäischen Lebensverhältnisse mit Hilfe der Brüsseler Umverteilungsmaschine und, vor allem: Frieden auf europäischem Boden seit 1945.

Keine dieser Errungenschaften kann bestritten oder sollte geringgeschätzt werden. Und doch helfen sie nicht weiter bei der Antwort auf die unbequeme Frage, die sich im Brexit ausdrückt, und die auch jenseits der

Insel lauter wird. Lässt sich Wohlstand und Frieden in Europa wirklich nur über die Integration der europäischen Nationalstaaten erreichen, über eine «Harmonisierung», die aus einer mächtigen bürokratischen Zentrale gesteuert wird?

Die Frage ist kaum zu beantworten, da niemand wissen kann, wo Europa ohne die EU in ihrer heutigen Form stehen würde. Sollte – ja darf – man an einem Modell rütteln, das den Kontinent nach Jahrhunderten von Krieg und Verwerfung trotz aller Krisen Frieden und relativen Wohlstand beschert hat? Oder ist es, wie der Historiker Volker Reinhardt nüchtern bemerkte, «Anschauungssache, ob es für diese Friedensgarantie die EU braucht»?[46] Wer glaubt, dass Europa ohne die EU ebenso gut gefahren wäre, hat keine Evidenz gegen sich, nur die geschichtliche Erfahrung, dass das frühere Nebeneinander souveräner Territorialstaaten, trotz kunstvoller Gleichgewichtspolitik, immer wieder zu Kriegen geführt hat. Heute blickt der Kontinent auf die längste friedliche Phase seit Menschengedenken zurück, und nimmt man die Montanunion von 1952 als Beginn der Europäischen Union, dann war sie fast von Anfang an dabei. Die Frage lautet, ob dies die EU in ihrer heutigen Form «alternativlos» macht.

Es lässt sich nicht länger übersehen, dass der Aggregatzustand der Europäischen Union die Mitgliedstaaten zunehmenden Konflikten aussetzt. Das verstärkte Bemühen der EU, manchmal auch einzelner mächtiger Mitgliedstaaten, gesamteuropäische Standards durchzusetzen, schafft Reibungen, die ohne die Unionsidee nicht aufgetreten wären. In Abwandlung eines Zitats von Woody Allen über die Ehe könnte man zugespitzt sagen: Die Europäische Union ist eine Institution geworden, die gemeinsam Probleme löst, die ihre Mitglieder alleine nicht hätten.

Beispiele gibt es viele. Das Pochen auf die buchstabengenaue Umsetzung des europäischen Freizügigkeitsprinzips hat die Briten zunehmend genervt und schließlich aus der EU vertrieben. Der Kurs der «Euro-Rettung», der Kredite mit Spar- und Reformauflagen verband, brachte eine ganze Generation von Südeuropäern gegen den deutschen «Zuchtmeister» auf. Und die in Brüssel geplanten und begonnenen Disziplinarmaßnahmen gegen die Regierungen in Polen und Ungarn lassen immer mehr Ostmitteleuropäer die Faust in der Tasche ballen und fragen, wie lange man sich noch von der Europäischen Union in die inneren Angelegenheiten hineinreden lassen will. In ihrer heutigen Form bedroht die EU die Attraktivität der «europäischen Idee». Sie schmeckt immer weniger nach Freiheit und immer mehr nach Zwang.

Lange Zeit wurde das Grummeln der Bürger als kleingeistiges Kritteln an einem großen Wurf belächelt: Wie kann man sich im Angesicht des europäischen Friedensprojekts darüber aufregen, dass Brüssel den Knusprigkeitsgrad der Fritte vorgibt, oder den berühmten Krümmungsgrad der Gurke (zumal Letzterer inzwischen wieder «freigegeben» ist)? Aber der Verdruss der Bürger ging darüber hinaus, und er wurde in seiner langfristigen Rückwirkung auf die Akzeptanz der EU unterschätzt. Die tief in den Arbeitsalltag einschneidenden Rechtsangleichungen werden in vielen Ländern als unnötige Fremdbestimmung wahrgenommen. Dass in Glasgow dieselben Arbeitszeiten gelten müssen wie in Thessaloniki schafft hier wie dort Unverständnis und Anpassungsprobleme. Die Regelungen zur «Entsendung» von Arbeitnehmern haben mehr Bürokratie als Erleichterung geschaffen. Die neuen Auflagen zum Datenschutz stürzen gerade kleinere Betriebe in Nöte. Das wird vor allem in Ländern, die nicht so sensibel im Umgang mit Daten sind, mit Unmut quittiert.

Zum politischen Problem wächst sich die Vergemeinschaftungsidee aus, wo sie nationale Empfindlichkeiten verletzt. Deutschlands (von Brüssel unterstützter) Vorstoß, die anfangs begeistert empfangenen Migranten auf alle Mitgliedstaaten zu verteilen, wird in vielen Ländern als dreiste Einmischung empfunden. Vor allem die jungen Demokratien aus dem früheren Einflussbereich der Sowjetunion, für die ethnische Vielfalt schlechte Erinnerungen an den von Moskau oktroyierten Internationalismus weckt und noch mehr an die Zeiten des Habsburger «Völkerkerkers», beanspruchen das Recht, die wiedergewonnene Unabhängigkeit auf ihre – nationale – Weise zu definieren. Die herablassenden und selbstgerechten Belehrungen gerade aus Berlin haben die Stimmung bei den Nachbarn verfinstert. Offene Empörung lösten die Forderungen nach finanziellen Strafen aus – Strafen wohlgemerkt für die Weigerung, eine Politik mitzutragen, die Europas mächtigstes Land im Alleingang betrieben hatte und sich von Brüssel im

Nachgang sanktionieren ließ. Wie hässlich der Umgangston der EU-«Partner» geworden ist, demonstrierte der luxemburgische Außenminister Jean Asselborn, als er den Ungarn nach der Wiederwahl Viktor Orbáns im Frühjahr 2018 einen «Werte-Tumor» bescheinigte, den es herauszuschneiden gelte. So schwindet die Lust auf «europäische Einheit», und die Sehnsucht nach Eigenständigkeit wächst.

Inzwischen hat der Unmut selbst das Gründungmitglied Italien erfasst. Er führte, ebenfalls im Frühjahr 2018, zum Wahlsieg zweier Parteien, die mehr Autonomie gegenüber Brüssel versprachen und eine Lockerung der Sparpolitik. Brüssel und eine Reihe von Mitgliedstaaten waren darüber so beunruhigt, dass sie Einfluss auf die Regierungsbildung nahmen. Als sich Staatspräsident Sergio Mattarella weigerte, den Eurokritiker Paolo Savona zum Finanzminister zu ernennen – er durfte dann später «Europaminister» werden –, wurde dies in weiten Teilen der italienischen Wählerschaft als Kapitulation vor dem europäischen «Bully» wahrgenommen. Brüssel nährte den Verdacht nach Kräften. EU-Kommissar Günther Oettinger, den Blick schon auf Neuwahlen geheftet, die dann nicht kamen, verwies auf die Unruhe an den Finanzmärkten und erklärte: «Ich kann nur hoffen, dass dies im Wahlkampf eine Rolle spielt im Sinne eines Signals, Populisten von links und rechts nicht an die Regierungsverantwortung zu bringen.» Lega-Chef Matteo Salvini warf der EU daraufhin vor, «keine Scham» mehr zu kennen.[47] Selbst die Gegner der «Populisten», die italienischen Sozialdemokraten, zeigten sich erbost über die Intervention: «Niemand soll den Italienern sagen, wie sie wählen sollen – erst recht nicht die Finanzmärkte.»

Man kann es als traurige geschichtliche Pointe sehen, dass sich die Fehlentwicklungen der EU nunmehr am Ursprungsort der Römischen Verträge verdichten. Italien ist zum Brennpunkt der Widersprüche geworden: Die Zwänge, die der Euro einigen seiner Mitgliedsländer auferlegt, haben Parteien an die Macht gebracht, die wirtschaftspolitisch neue Wege gehen wollen. Indem die EU dies zu verhindern versucht, verstärkt sie den Widerwillen gegen die Währung und die Unionsidee überhaupt. Eine Spirale hat sich in Gang gesetzt: Je mehr die EU um den Erhalt des Euro und letztlich ihrer selbst kämpft, desto unbeliebter macht sie sich. Zugleich stärkt sie den Eindruck, dass Selbstbestimmung und Demokratie nur noch außerhalb der EU, also im Nationalstaat, zu haben sind.

Auf der Suche nach Alternativen zum europäischen Integrationsmodell mangelt es an geeigneten Beispielen. Die EU ist eine einzigartige politische Schöpfung, was es erschwert, sie mit anderen supranationalen Zusammenschlüssen zu vergleichen, aus denen Inspiration gezogen werden könnte. Vielleicht lohnt aber noch einmal ein Blick zurück nach Asien. Keines der Länder, die sich zur Vereinigung Südostasiatischer Staaten, kurz: Asean, zusammengeschlossen haben, eignet sich als Maßstab, geschweige Vorbild. Der Lebensstandard ist, von Singapur abgesehen, niedriger als in der EU und der demokratische Organisationsgrad der Gesellschaften nicht mit Europa vergleichbar. Und doch gibt es eine Reihe bemerkenswerter Gemeinsamkeiten. Auch Südostasien erlebte in den zurückliegenden Jahrhunderten Kriege und Auseinandersetzungen, die durch die Kolonialmächte noch verkompliziert wurden. Die Gründung der Asean im Jahr 1967 war ein Versuch, dem europäischen Beispiel zu folgen und die traditionellen Feindschaften über verstärkten Handel abzubauen. Ähnlich der EWG, die als Alternative zum Sozialismus im europäischen Osten wahrgenommen wurde, sah sich die Asean als Gegenwelt zum Kommunismus im asiatischen Norden. Heute ist sie ein Bündnis, das vor allem seine strategischen Interessen gegenüber China vertritt. Der Erfolg ist begrenzt, aber gemeinsam geht es immerhin besser, so wie ja auch die EU die Kräfte der Mitgliedstaaten mehr schlecht als recht zu bündeln versucht, um die autoritäre Großmacht Russland auf Abstand zu halten.

Jahrzehntelang blickten die Nationen Südostasiens neugierig und ein bisschen neidisch auf die Entwicklungen in Brüssel. Doch das Vorbild wurde spätestens nach der Millenniumswende zum abschreckenden Beispiel. Vordenker wie Kishore Mahbubani und Politiker wie Singapurs Premierminister Lee Hsien Loong erkannten die Nachteile des Integrationsmodells früher als die Europäer selbst. Sie sahen, dass die europäischen Energien immer stärker nach innen gezogen wurden, insbesondere nach der Erweiterung, und machten diese Selbstbeschäftigung dafür verantwortlich, dass die EU nicht mehr nach außen blickte und den Wandel in der

Welt zu verschlafen drohte. Auch sah man in Singapur, Malaysia und Jakarta die Fliehkräfte, die ein starker Zentralismus in den Mitgliedstaaten freisetzte. Ganz bewusst entschied sich die Asean daher gegen den Brüsseler Weg, hält sich nur ein winziges «Sekretariat» in der indonesischen Hauptstadt Jakarta und stärkt lieber die Zusammenarbeit der assoziierten Regierungen. Die eisern angewendete «Nichteinmischung» hat zweifellos Schattenseiten: Jahrelang erschwerte die Mitgliedschaft der international geächteten Militärdiktatur Burma die Außengeschäfte der Asean. Es dauerte, bis die Burmesen zu einer gewissen Öffnung fanden, so wie sich einige Jahre zuvor die Indonesier von ihrem Autokraten Suharto gelöst hatten. Die mittlerweile zehn Länder sind weit entfernt von den demokratischen Standards, die in Europa herrschen, aber das Modell der Zusammenarbeit hat sich bewährt: Die benachbarten Nationen erfreuen sich beachtlicher Wachstumsraten und haben seit Jahrzehnten keinen Krieg mehr gegeneinander geführt. Die Asean befindet sich, auch dank ihrer geringeren Ambitionen, in keiner Krise.

Warum schwächt sich die Europäische Union freiwillig? Hätte sie ebenfalls auf intergouvernementale Zusammenarbeit gesetzt, wären nicht nur die Briten Mitglied geblieben, auch natürliche Partner wie die Schweizer oder die Norweger wären schon lange im Club. Es könnte den Anführern der Europäischen Union zu denken geben, dass sich diese reifen und selbstbewussten Demokratien vom Brüsseler Modell abgeschreckt fühlen – aber das hieße, die weltanschaulichen

Grundlagen der europäischen Einigungslogik in Zweifel zu ziehen, und dazu fehlte bisher die Bereitschaft.

Die EU, die sich auf der internationalen Bühne so besonnen gibt und gerne in Moderation übt, ist in Wahrheit ein revolutionäres Gebilde, mit einem durchaus ideologischen Überbau. Ihr Gründungsimpuls zielte eben nicht nur darauf ab, Frieden und Wohlstand in Europa zu erreichen. Geschaffen werden sollte eine «bessere Welt», die langfristig Grenzen und Nationen überwindet. Diese Vision muss man heute als gescheitert bezeichnen. Die Nationen wollen sich nicht abschaffen; am Ende will es nicht einmal die deutsche. Der Nationalstaat erfreut sich, im Gegenteil, wieder wachsender Beliebtheit, nicht nur im Königreich und im östlichen Europa, sondern überall auf dem Kontinent. Im Nationalstaat finden die Bürger am ehesten Halt, wo schon ringsum alles in Bewegung geraten ist. Zudem bietet er das einzige Gehäuse, in dem die Demokratie nachweislich funktioniert. Selbst innerhalb der Nationen wächst die Attraktion der überschaubaren Einheit und lässt Katalanen oder Schotten die staatliche Unabhängigkeit anstreben.

Anhänger der europäischen Integration blicken mit Abscheu auf derlei «Nationalismus», selbst wenn er von links kommt, und sehen ihn als unbotmäßige Störung einer höheren geschichtlichen Vernunft. Sie halten den Wunsch nach einem Zusammengehörigkeitsgefühl, das sich über gemeinsame Kultur und Sprache definiert, nicht für gesunden Patriotismus, sondern für eine gefährliche Rückkehr in die Vergangenheit, letztlich in

die Zivilisationslosigkeit. In ihrem Hochmut gegenüber den Bedürfnissen der Bürger und ihrer hartnäcki-
gen Weigerung, die Welt zu sehen, wie sie ist, erinnern
sie manchmal an die Unverbesserlichen, die seit dem
Scheitern des real existierenden Sozialismus versichern,
dass die Idee im Prinzip gut war, nur nicht richtig um-
gesetzt wurde.

Man muss den Vergleich nicht strapazieren: Der Sozialismus wurde bekanntlich oktroyiert, während sich
die EU freiwillig zusammenfand (wenngleich mancher
Integrationsschritt mit sanftem Druck zustande kam).
Auch war der Sozialismus auf weltweite Expansion ausgerichtet, während die EU ein eher regionales Projekt
bleiben will. Vergleichbar bleiben aber der Utopie-
gehalt, der der europäischen und der sozialistischen
Vision innewohnt, das Überlegenheitsgefühl, die Überzeugung, einer globalen Avantgarde anzugehören, und
nicht zuletzt die Beanspruchung einer historischen
Wahrheit. Beide Systeme definierten sich übrigens auch
als «Friedensprojekte».

Nach mehr als sechzig Jahren europäischer Integra-
tionsgymnastik sind Zweifel erlaubt, ob die EU mit
demnächst mehr als dreißig Mitgliedern noch zu einer
gesunden Formation zusammenwachsen wird. Die Erfahrung hat gezeigt, dass die politischen Interessen von
Nationen, die jahrhundertelang eigene Beziehungen zu
anderen Staaten pflegten, außenpolitisch nur in Aus-
nahmemomenten auf einen Nenner zu bringen sind.
Auch die variierenden Vorstellungen darüber, was der
Staat leisten, wie die Wirtschaft funktionieren und nach

welchen Prioritäten die Gesellschaft ausgerichtet sein soll, sind hartnäckig und drängen keineswegs danach, in einer gemeinsamen Innen- und Haushaltspolitik, geschweige in einem gemeinsamen Staat aufzugehen. Der Schweizer Historiker Herbert Lüthy, der den frühen europäischen Einigungsprozess mit messerscharfen Essays begleitete, gab schon 1953 zu bedenken: «Es gibt keinen Präzedenzfall dafür, dass es gelang, aus hochdifferenzierten und historisch bewussten Staatsgebilden eine neue Einheit zu schaffen; es gibt nur Präzedenzfälle des Misslingens.»[48]

Die Nation ist eine wundersame Pflanze. Mal präsentiert sie sich als blühende Rose, dann als Fleischfresserin, und bei allem ist sie zäh wie Unkraut. In Gestalt des Nationalismus kann sie aggressive Kräfte entfalten, aber sie hat dieselben auch schon überwunden. Der Appell an die Nation, an ihre Vergangenheit und ihre Zukunft, versetzte Churchill in die Lage, den Kampf gegen Hitler zu führen. Die französische Résistance kämpfte ebenso im Namen der Nation wie die Widerstandsbewegung in Polen. Im «Wir» der Nation steckt mehr Kraft, auch mehr Kraft zum Guten, als in einer Gesellschaft ohne Bindung und Zusammengehörigkeitsgefühl. Am Ende lädt nur das «Wir» dazu ein, über die eigenen Interessen hinauszudenken und über sich selbst hinauszuwachsen. Niemandem kam es muffig oder gar chauvinistisch vor, als John F. Kennedy die Amerikaner aufrief, nicht zu fragen, was ihr Land für sie tun kann, sondern was sie für ihr Land tun können. Derartige gewachsene Loyalitäten, die in gemeinsam erlebter Geschichte, gemeinsam durchlittenen Niederlagen und gemeinsam gefeierten Siegen gründen, lassen sich nicht ohne weiteres ersetzen. Natürlich kann man sich als Europäer fühlen oder auch als Weltbürger, aber wenn es hart auf hart kommt, ist dem Menschen die eigene Familie näher als die Nation und die eigene Nation näher als das Nachbarland oder die Völkerfamilie.

Die enorme Vitalität des Nationalstaats lässt sich an seiner Ausbreitung illustrieren. In den vergangenen vierzig Jahren sind den Vereinten Nationen 25 neue Mitgliedstaaten beigetreten. Weltweit zeigen sich (laut World Values Survey) 86 Prozent der Menschen «stolz» oder «ziemlich stolz» auf ihre Nation. Europa ist da keine Ausnahme. Nur vier bis sechs Prozent der Befragten fühlen sich zuerst als Europäer und dann als Bürger ihres Nationalstaats. Am kritischsten stehen die Deutschen ihrem Staat gegenüber, doch selbst sie sagen (laut YouGov) zu neunzig Prozent: Wir sind erst Deutsche und dann Europäer.

Es ist den Deutschen nicht zu verdenken, dass das Misstrauen in die einst glorifizierte Nation wacher ist als anderswo. Aber der Unwille, von eigenen Erfahrungen zu abstrahieren und die Realitäten der Welt in den Blick zu nehmen, verrät einen Zug, den Karl Heinz Bohrer zu Recht einmal als «Provinzialismus» beschrieben hat. Vor allem die deutsche Linke legte zeitweise einen fast komischen Fundamentalismus an den Tag. «Wer heute eine Renaissance des Nationalstaats fördert oder auch nur duldet, wird Mitschuld tragen an Hunderttausenden Toten», schrieb der SPD-Politiker Peter

Glotz in den achtziger Jahren[49], und statt verlacht zu werden, erwarb er sich den Ruf eines «Vordenkers». Unvergessen bleibt der Abend des 9. Novembers 1989, der Abend des Mauerfalls, als ein paar Regierungsabgeordnete im Bonner Wasserwerk spontan die Nationalhymne anstimmten und Grüne sowie sozialdemokratische Achtundsechziger keinen Ton herausbrachten; einige verließen sogar den Saal.

Eine solche Szene wäre in keinem anderen Land denkbar. Briten, die über das deutsche Verhältnis zur eigenen Nation und zu Europa nachdenken, helfen sich manchmal mit Begriffen aus der Psychologie. Sie schreiben von deutschem «Selbsthass» oder «therapeutischer» Europhilie. Natürlich nutzten auch die Deutschen Europa als Deckmantel, um ihre Interessen zu verfolgen. Aber ihrer Bereitschaft, nationale Souveränität vergleichsweise klaglos an die EU abzugeben, haftete aus Sicht vieler anderer Länder etwas Masochistisches an. Das schiere Gewicht der Deutschen versetzte sie in die Lage, andere mitzureißen. Lange Jahre war die europäische Erlösungsphantasie der Deutschen der heimliche «Motor» der Integration. Er setzte andere Länder unter Zugzwang und prägte den europäischen Geist.

Das ist nun schon länger nicht mehr so. Nach Helmut Kohl wurde Deutschlands Verhältnis zur EU immer instrumenteller. Heute unterscheidet es sich kaum noch vom Ansatz anderer Mitgliedstaaten. Von «Merkel's Germany First» schrieb der *Financial Times*-Kolumnist Philip Stephens im April 2018 und verwies auf die Berliner Blockade gegen Emmanuel Macrons europäische Ausbaupläne.[50] Über das «nationale Interesse» wird noch immer nicht offen geredet in Deutschland, aber es wird klandestin exekutiert. Es spiegelt sich darin auch die langsame Entkrampfung der deutschen Haltung sich selbst gegenüber, die sich mittlerweile an einigen Stellen besichtigen lässt. Noch vor wenigen Jahren wäre unvorstellbar gewesen, dass die Innenpolitik von einem «Heimat-Minister» gestaltet wird. Und nicht nur die Konservativen denken vorsichtig um. Auch erste Sozialdemokraten stoßen neue Tore auf, seit sie erkannt haben, dass die Abwehr eines nationalen Gemeinschaftsgefühls Wähler befremdet, die sie als Klientel betrachten. In seinem Buch *Lob der Nation* wirbt Michael Bröning, ein Mitarbeiter der SPD-nahen Friedrich-Ebert-Stiftung, dafür, die Sehnsucht nach nationaler Identität nicht mehr länger den «Rechtspopulisten» zu überlassen. Etwas ist in Bewegung geraten in Deutschland, und das wird nicht ohne Einfluss auf die EU bleiben.

*

Für die Briten kommt all dies zu spät. Als sie den Institutionen in Brüssel im Juni 2016 den Rücken kehrten, war nicht absehbar gewesen, dass die Europäische Union in eine Richtung treiben könnte, die sich ihren Vorstellungen annähert. Mit der Weigerung Brüssels, David Cameron in den «Reformverhandlungen» eine Begrenzung der Einwanderung aus der EU zu erlauben, schien die Schlacht geschlagen. Die Entscheidung der

Europäischen Union wurde als letzter Beweis dafür genommen, dass ihre Dogmen für alle Zeiten über den Wünschen der Mitgliedstaaten stehen würden. Roger Scruton brachte die starre Haltung Brüssels damals derart auf, dass er das EU-Freizügigkeitsprinzip mit einem «religiösen Gebot»[51] verglich, das sich notwendigen Veränderungen auf gleichsam theologische Weise entziehe.

Inzwischen zeichnet sich ab, dass die Europäische Union ihren bisherigen Weg nicht fortführen kann. Die anhaltenden Wahlerfolge europäischer Parteien, die sich gegen Einmischungen aus Brüssel und für nationale Prioritäten aussprechen, verändern nicht nur die Mehrheiten in den EU-Institutionen. Sie haben die europäischen Gewissheiten ins Wanken gebracht und die Integrationslogik in die Defensive. Früher hieß es, aus jeder Krise gehe die Europäische Union gestärkt hervor. Jetzt muss man feststellen: Mit jeder Krise verliert sie weiter an Halt. Die neuen politischen Strömungen, von denen der Brexit nur ein Teil ist, spülen die Europäische Union in neue Gewässer.

Am stärksten ballen sich die Gegenkräfte im Osten Europas zusammen, wo sie mittlerweile die Regierungspolitik in Ungarn, Polen, Tschechien und der Slowakei beherrschen. Aber sie wachsen auch in Österreich und in Skandinavien und sogar im alten Zentrum der Europäischen Union. Der niederländische Premierminister Mark Rutte setzte im Frühjahr 2018 einen Brief mit seinen Kollegen in Dänemark, Estland, Finnland, Litauen, Lettland und Schweden auf, der sich den Integrationsideen des französischen Präsidenten entgegenstellte.

Selbst in Deutschland ist der Glaube daran erschüttert, die Europäische Union gegen die Widerstände der Bürger noch enger zusammenführen zu können. Die Vorstöße aus Paris finden in Berlin bestenfalls lauwarmen Widerhall. Sie werden als Einstieg in eine Transferunion interpretiert, die Deutschlands wirtschaftlichen Interessen zuwiderliefe. Auch Macrons Idee, mit transnationalen Listen das Parlament in Straßburg «europäischer» zu machen, weckt in Berlin eher Sorgen: Man möchte die Kontrolle, die Deutschland über die beiden großen Fraktionen im Europäischen Parlament ausübt, nicht verlieren.

Um die europäischen Fliehkräfte zu bändigen, wird die EU umsteuern müssen. Eine Weile kann sie noch versuchen, sich weiter durchzumogeln, aber die Zeichen einer Neuausrichtung stehen an der Wand. Es ist nicht ohne Ironie, dass die brauchbarsten Handlungsanleitungen dazu in Ländern formuliert wurden, die nie Mitglied werden wollten oder aber Brüssel den Rücken gekehrt haben: in der Schweiz und in Britannien. In seiner «Bloomberg-Rede» analysierte David Cameron die Schwächen der EU mit großer Klarheit und brachte Reformen ins Gespräch, die weit über das Lager der Euro-Skeptiker hinaus einleuchteten. Als Ziel gab Cameron vor, dass die Europäische Union «mit der Geschwindigkeit und der Flexibilität eines Netzwerks handeln (muss) und nicht mit der beschwerlichen Rigidität eines Blocks». Beweglicher sollte sie also werden und sich mehr nach außen als nach innen ausrichten. Cameron forderte, den Nationalstaaten Kompetenzen zurückzugeben und ihren Parlamenten größeren Einfluss bei der Kontrolle der EU zuzubilligen. Sein Schlüsselsatz lautete: Die freiwillige Zusammenarbeit der Hauptstädte sei am Ende «viel stärkerer Kitt» für Europa als der Zwang, der von einem Zentrum ausgehe.

Nur der Abschied von der «immer engeren Union», den die Briten nicht müde wurden zu verlangen, kann Europa noch zusammenhalten. Nichts Destruktives liegt in dieser Einsicht, nichts Deprimierendes, ja nicht mal Melancholie, sondern reine Vernunft und ein Stück Hoffnung. Es könnte sein, schrieb Lüthy 1961 in seinem Essay *Die Schweiz als Antithese*, dass Europa eines Tages «über all die tastenden Versuche, Erfolge und Miss-erfolge der ‹Integration› schließlich dazu gelangt, auf anderem Wege und in anderem Maßstab eine ähnliche Synthese (wie die Schweiz) zu erarbeiten: denn Europa wird nicht darum herumkommen, den Föderalismus zu entdecken oder neu zu erfinden, wenn es eine Einheit bilden will, ohne sein Wesen zu zerstören».[52]

Wie ein solcher Föderalismus – gemeint ist eine Dezentralisierung – aussehen könnte, muss diskutiert werden. Die Schweiz bietet dafür mehr Anschauung, als vielen bewusst ist, auch wenn ihr Modell historisch gewachsen und weder seinem Format noch seiner Staatlichkeit nach übertragbar ist. Aber Lüthys De-finition der Schweiz als eines «systemfeindlichen Re-gierungssystems» eignet sich recht gut als Maßstab. Die Schweiz, erklärte er, sei «keine Einheitsdemokratie, die dem Gesetz der Mehrheit untersteht», sondern «eine Gemeinschaft von kleinen kantonalen und kommunalen Demokratien, deren jede ihre eigenen Geschäfte regelt und die häufiger durch Kompromiss als durch Mehrheitsentscheid nur jene Fragen gemeinsam entscheiden, die den lokalen Rahmen sprengen». Wem das verdächtig nach dem «Subsidiaritätsprinzip» klingt, das die Europäische Union für sich beansprucht, dem ist zuzustimmen. Nur weder hat die EU ihren Vorsatz je gelebt, noch definierte sie ihn so radikal wie die Schweizer. «Durch alle Wechselfälle hindurch», schrieb Lüthy, «ist die Schweiz dieser Bund unabhängiger Gemeinden geblieben, die *nur* dann und *erst* dann gewisse Vollmachten einer gemeinsamen Bundesexekutive übertrugen, wenn offensichtlich war, dass das Wesentliche der Gemeindeautonomie auf keine andere Art bewahrt werden konnte.»

Jan Zielonka fragte schon vor Jahren, warum zahllose Theorien über die Integration Europas entworfen wurden, aber keine einzige über Europas Desintegration. Er verglich das mit einer Friedensforschung, die den Krieg nicht thematisiert. Das mag plastisch formuliert sein, aber was tatsächlich fehlt, ist eine ausgeruhte Debatte über europäische Desintegration – nicht über ein disruptives Auseinanderbrechen, sondern über eine umsichtig gesteuerte Entklammerung.

Gesucht sind jetzt couragierte Staatsmänner, die die europäische Zusammenarbeit wetterfest machen und die EU behutsam zurückstutzen. Wo sich die Interessen der Hauptstädte überschneiden, können sie in Brüssel oder anderswo gebündelt werden. Es ist offenkundig, dass sich manches wirksamer in gesamteuropäischer Abstimmung gestalten lässt: von der Gefahrenabwehr im Inneren bis zum Schutz der gemeinsamen Außengrenzen. Auf anderen Gebieten empfehlen sich Koalitionen von Willigen, so wie es Britannien, Frankreich und Deutschland als «EU3» in der Außenpolitik vorgemacht haben. Der Harmonisierung nach innen sollten hingegen enge Grenzen gesteckt werden. Die Koordination frisst Zeit und Kraft, und oft schafft die Bürokratie mehr Probleme, als sie zu lösen hilft. Es mag widersprüchlich klingen, aber der Aufbau eines flexibleren und effektiveren «Europas» läuft über den Abbau gegenwärtiger Strukturen.

Als erster Schritt dazu müsste die politische Vielfalt der Nationalstaaten als Wesensmerkmal Europas begriffen werden und nicht als Schwäche oder gar Bedrohung. Das Zusammenzwingen von Interessen, die nicht deckungsgleich sind, vergeudet Energien, ohne dass es Europa stärker macht. Gelingt es der Europäischen Union, sich von der Idee der Vereinheitlichung zu lösen, den Ballast des Zentralismus abzuwerfen, den Völkern wieder ihren eigenen Willen zu lassen und auf die Zusammenarbeit der Hauptstädte zu vertrauen, könnte dem «europäischen Projekt» neuer Charme eingehaucht werden. Eine solche Abkehr vom gescheiterten Superstaat wäre noch nicht der Beginn einer europäischen Supermacht. Aber sie würde wertvolle Kapazitäten freisetzen, die die Europäer für die Bewältigung wichtiger Aufgaben benötigen: ihre Sicherheit in einem multipolen Umfeld zu bewahren, ihren Wohlstand in einer verschärften Wettbewerbssituation zu verteidigen, also ihren Platz in einer Welt zu finden, die immer weniger europäisch wird. Schlüge die Europäische Union diesen Weg ein, könnte sie den Briten am Ende noch dankbar sein. Das Brexit-Votum wäre dann der heilsame Schock gewesen, und der britische Eigensinn hätte Europa ein weiteres Mal vorangebracht. Vielleicht mussten die Briten ja gehen, um eines Tages richtig dazuzugehören.

ANMERKUNGEN

1 Winston Churchill, A History of the English Speaking People, Bd. 2, London 1956, S. 51 f.
2 Roger Scruton, Where We Are. The State of Britain Now, London 2017, S. 27.
3 Karl Heinz Bohrer, Ein bißchen Lust am Untergang. Englische Ansichten, München 1979, S. 13 ff.
4 Philip Collins, Spare us from these high-minded Tories, *The Times*, 17. November 2017.
5 Bei einem Abendessen im März 2017.
6 Scruton, Where We Are, S. 8.
7 Lord Ashcroft Polls, 24. Juni 2016.
8 Deutschlandfunk, 8. September 2015.
9 Jamie Grierson, Romanian is second most common non-British Nationality in UK, *The Guardian*, 24. Mai 2018.
10 Zahlen des Britischen Schatzkanzleramts, aufgearbeitet im *BBC*-«Reality Check», 15. Juni 2016.
11 *BBC*, «Daily Politics», 1. Dezember 2017.
12 *The Sunday Times*, 17. Dezember 2017.
13 *Sky News*, 3. Juni 2016.
14 Ivan Rogers auf der LSE Cumberland Lodge Conference, 29. April 2017.
15 Ivan Krastev, Europadämmerung. Ein Essay, Frankfurt a. M. 2017; Yascha Mounk, Der Zerfall der Demokratie. Wie der Populismus den Rechtsstaat bedroht, München 2018.
16 Michael Lind, This is what the Future of American Politics Looks Like, *Politico Magazine*, 22. Mai 2016.

17 David Goodhart, The Road to Somewhere. The Populist Revolt and the Future of Politics, London 2017.

18 Jan Zielonka, Counter-Revolution. Liberal Europe in Retreat, Oxford 2018.

19 Michael Sandel, *New Statesman*, 21. Mai 2018.

20 Robert Saunders, Yes to Europe! The 1975 Referendum and Seventies Britain, Cambridge 2018, S. 63 ff.

21 *Frankfurter Allgemeine Zeitung*, Hassverbrechen auf englische Art, 22. Oktober 2016, S. 3.

22 Dominic Maganiello, Joyce's Politics, London 1980, S. 109.

23 Kate Fox, Watching the English. The Hidden Rules of English Behaviour, London 2014.

24 Émile Cammaerts, Discoveries in England, London 1930, S. 7.

25 Nicholas J. Higham und Martin J. Ryan, The Anglo-Saxon World, New Haven 2015, S. 20 ff.

26 Interview mit Robert Tombs, *The World Today*, Februar / März 2017.

27 Thomas Kielinger, Großbritannien, München 2009, S. 86.

28 Peter Mandler, The English National Character. The History of an Idea from Edmund Burke to Tony Blair, New Haven 2006, S. 14.

29 Paul Kennedy, Aufstieg und Fall der Großen Mächte. Ökonomischer Wandel und militärischer Konflikt von 1500 bis 2000, Frankfurt a. M. 1989, S. 240 ff.

30 Boris Johnson, Thatcher Lecture, 27. November 2013.

31 Zitiert nach Shashi Tharoor, Inglorious Empire. What the British did to India, London 2017, S. 1.

32 Robert Tombs, The English & Their History, London 2015, S. 584 ff.

33 Mandler, The English National Character, S. 148.

34 Paul-Henri Spaak, The Continuing Battle. Memoirs of a European 1936–1966, London 1971, S. 232.

35 Bohrer, Ein bißchen Lust am Untergang, S. 20 f.

36 Richard Florida, The Geography of Pop Music Superstars, Citylab, 27. August 2015.

37 Fox, Watching the English, S. 410.

38 George Osborne, «Diary», *The Spectator*, 27. Januar 2018.

39 Fox, Watching the English, S. 324 ff.

40 *Frankfurter Allgemeine Zeitung*, 18. Februar 2015, S. 3.

41 *The Spectator*, 3. Februar 2018.

42 *Financial Times*, 3. Februar 2018.

43 Edward Luce, The Retreat of Western Liberalism, London 2017.

44 Sigmar Gabriel, Rede auf der Münchner Sicherheitskonferenz, 17. Februar 2018.

45 Krastev, Europadämmerung, S. 8.

46 Volker Reinhardt, Europa entsteht aus der Konkurrenz, *Neue Zürcher Zeitung*, 3. Januar 2018.

47 «War doch nur gut gemeint», *Frankfurter Allgemeine Zeitung*, 28. Mai 2018; Italienisches Endspiel, faz.net, 30. Mai 2018.

48 Herbert Lüthy, Nach dem Untergang des Abendlandes. Zeitkritische Essays, Köln 1964, S. 333.

49 Zitiert nach Michael Bröning, Lob der Nation. Warum wir den Nationalstaat nicht den Rechtspopulisten überlassen dürfen, Bonn 2018.

50 Philip Stephens, After America First, Germany First, *Financial Times*, 18. April 2018.

51 Scruton, Where We Are, S. 80.

52 Lüthy, Nach dem Untergang des Abendlandes, S. 422 ff.

DANK

DIESES BUCH hat von vielen Gesprächen, Anregungen und Widersprüchen profitiert. Bedanken möchte ich mich bei Karl Heinz Bohrer, Charles Collier, Baronesse Falkner, Mohamed Ganie, Dirk Kurbjuweit, Barbara Laugwitz, Sascha Lehnartz, Rod Liddle, John Lloyd, Kishore Mahbubani, Bojan Pancevski, Clara Polley, Gideon Rachman, Norbert Röttgen, Juliet Samuel, Moritz Schuller, Christoph Schwennicke, Alexander Simon, Katrin Sohns, Tessa Szyszkowitz und Christian Zaschke.

Mein Dank gilt nicht zuletzt zwei Institutionen: der Königswinter Konferenz, die auch in schwieriger gewordenen Zeiten den deutsch-britischen Dialog auf höchstem Niveau pflegt, und meiner Zeitung, der *FAZ*, die das andernorts aussterbende Geschäft der Auslandskorrespondenz mit konservativ-rebellischem Widerstandsgeist am Leben hält.

ÜBER DEN AUTOR

JOCHEN BUCHSTEINER, geboren 1965, studierte Politik-wissenschaften und Allgemeine Rhetorik. Er war Par-lamentskorrespondent der *ZEIT* in Bonn und Berlin, schrieb für die *FAZ* aus Asien und berichtet heute als politischer Korrespondent der Zeitung aus London. 2005 erschien bei Rowohlt sein Buch *Die Stunde der Asiaten. Wie Europa verdrängt wird.*

1. Auflage September 2018
Copyright © 2018 by Rowohlt Verlag GmbH,
Reinbek bei Hamburg
Einbandgestaltung Anzinger und Rasp, München
Einbandabbildung f8 archive/Alamy Stock Photo
Satz aus der Berthold Garamond
Gesamtherstellung CPI books GmbH, Leck, Germany
ISBN 978 3 498 00688 4

Das für dieses Buch verwendete Papier ist FSC®-zertifiziert.